TERREIRO DO BOGUM

Memórias de uma comunidade Jeje-Mahi na Bahia

Everaldo Conceição Duarte

TERREIRO DO BOGUM

Memórias de uma comunidade Jeje-Mahi na Bahia

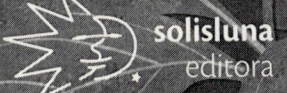

solisluna
editora

Terreiro do Bogum
Memórias de uma comunidade Jeje-Mahi na Bahia
copyright © 2018 Everaldo Conceição Duarte

EDIÇÃO
Enéas Guerra
Valéria Pergentino

PROJETO GRÁFICO E DESIGN
Valéria Pergentino
Elaine Quirelli

CAPA
Enéas Guerra

REVISÃO DO TEXTO
Thiara Vasconcelos de Filippo

Dados Internacionais de Catalogação na Publicação (CIP)
de acordo com ISBD

D812t   Duarte, Everaldo Conceição

           Terreiro do Bogum: memórias de uma comunidade Jeje-Mahi / Everaldo Conceição Duarte. - Lauro de Freitas - BA : Solisluna, 2018.
           112 p. ; 15cm x 21cm.

           Inclui índice.
           ISBN: 978-85-5330-001-3

           1. Candomblé. 2. Terreiro. 3. Memórias. I. Título.

2018-225   CDD 299.67
                                                     CDU 259.4

Elaborado por Vagner Rodolfo da Silva - CRB-8/9410

Índices para catálogo sistemático:
1. Religião: Candomblé 299.67
2. Religião: Candomblé 259.4

Todos os direitos desta edição reservados à Solisluna Design Editora Ltda.
55 71 3024.1047 | 3369.2028 www.solisluna.com.br editora@solislunadesign.com.br

Casa de Bogum (Foto: Melville Herskovits, 1941, Schomburg Center, NYPL)

Agradecimentos

Agradeço, de início, ao Vodum dono da minha cabeça, que dirige o meu caminhar e orienta os movimentos do meu corpo, por permitir a lucidez de ainda poder lembrar os contos e os encantos que me foram passados desde os primeiros momentos em que tomei consciência de que fazia parte de uma comunidade religiosa muito importante para a sociedade religiosa afro-brasileira.

Na verdade, foi necessário um esforço muito grande para, na elaboração dessa narrativa, superar o desânimo que se interpunha entre um artigo e outro, reforçando a sensação de inutilidade do trabalho pronto. Agradeço ao irmão e amigo Jackson de Azevedo, aos Ogãs Marcos Alexandre e Gilberto Leal que, naqueles momentos, muito se esforçaram para me fazer visualizar a necessidade de produzir, pelo menos, um documento que pudesse contar o passado da comunidade para orientação dos novos sacerdotes.

Do mesmo modo, não faltou incentivo das mulheres que contribuíram com o trabalho de, primeiro, datilografar meus manuscritos uma vez que no princípio não havia computador, e, depois, digitar tudo o que havia sido datilografado. Agradeço, sensibilizado, às meninas Emília Utchalk, Nádia Castro, Dra. Alzira Ferreira e à grande guerreira Raidalva dos Humildes que, ao meu lado, nunca deixou de me incentivar.

Agradeço ao Dr. Nicolau Parés que, através das suas pesquisas na busca de elementos para composição do seu livro *A formação do candomblé*, me proporcionou condições de estabelecer uma sequência de datas prováveis dos acontecimentos narrados enquanto história, pois que as estórias eu vivi.

Não posso me esquecer de agradecer aos mais velhos que me contaram a história, ainda que em fragmentos, dessa comunidade conhecida como Zoogodô Bogum Malê Rundô, certamente na esperança de que essa história não se perdesse no tempo.

Finalmente, agradeço a você, leitor, que certamente irá desculpar os meus deslizes visíveis sob um olhar acadêmico, mesmo porque não sou um literato.

Everaldo Duarte

Aos leitores

Foi desde os anos 1942 que comecei a fazer anotações daquilo que me pareceu interessante sobre o Bogum. Afinal, eu nasci ali na Pedra da Marca, em 1937, justamente quando Emiliana dava começo ao processo de reestruturação da comunidade.

Aprendi a ler e a escrever aos cinco anos. De forma que pude acompanhar quase todo aquele processo.

Convivi com todas as pessoas que por ali andaram e ouvi muito do que podia ser ouvido, vi muito que do que podia ser visto, tomei nota de tudo que podia ser anotado. Agora publico o que pode ser publicado.

Na verdade, eu não tinha, passados 60 anos, como organizar cronologicamente os acontecimentos que me foram contados pelos antigos, mas até eles tinham dificuldades em precisar datas, até que nos surgiu o professor Luis Nicolau Parés que, com o seu excelente trabalho de pesquisas, pôde fornecer dados para elaboração de uma sequência dos fatos transmitidos oralmente no percurso do tempo.

Existem Histórias e Estórias caminhando em paralelo. É provável que possam se confundir. No entanto, não me ocorreu que o fato melhore ou piore a qualidade da narrativa.

O bom mesmo foi contribuir para uma visão do que realmente aconteceu em algum momento da vida do Zoogodô Bogum Malê Rundô.

Prefácio

Conheci Everaldo Conceição Duarte no ano de 1992, na varanda da Casa das Minas, o templo dos deuses Vodum mais emblemático do Tambor de Mina, na cidade de São Luís do Maranhão. Ele estava participando de um encontro como coordenador do Instituto Nacional da Tradição e Cultura Afro-brasileira (INTECAB) enquanto eu realizava minhas primeiras incursões etnográficas no campo das religiões afro-brasileiras. Ao saber dos meus planos de viagem para Salvador, ele logo me convidou a visitar o Terreiro do Bogum – O Zoogodô Bogum Malê Rundô. Poucas semanas depois, numa manhã ensolarada, fui lá encontrá-lo no alto do Engenho Velho da Federação. Quem me recebeu foi Mãe Nicinha, a então Doné ou *Mejito* – título conferido, na nação Jeje, à máxima autoridade do Terreiro – que muito gentil me convidou a esperar debaixo de uma frondosa mangueira. Ao chegar Agbagigan Duarte – esse é o seu título religioso como Ogã da Casa –, iniciamos uma demorada conversa e quando, num momento determinado, caiu uma manga aos meus pés, ele pediu que a aceitasse como presente do Vodum. Foi o momento inaugural de uma amizade que dura até hoje, quase vinte e cinco anos depois.

Nesse tempo, viajei com ele para participar de alguns eventos e constatei seu carisma como orador, seu grande senso de humor e sua sabedoria tolerante e compreensiva. Estivemos juntos também no Benin, a convite da embaixada brasileira nesse país, o berço da cultura do Vodum, palestrando, para plateias de religiosos e outros interessados, sobre a realidade dessa religião na Bahia. Mas, para além da sua sociabilidade e o seu conhecimento ritual, ele sempre me impressionou pela sua atitude moral como religioso. Fiel defensor da tradição e, ao mesmo tempo, ciente da necessidade de flexibilidade e de adaptação das práticas religiosas às possibilidades de cada momento, Duarte é hoje um baluarte de certa ética religiosa, cada dia mais difícil de se achar no Candomblé. Foi esse compromisso sério, ao longo de toda uma vida, com a sua fé e a cultura em que nasceu e foi educado, que hoje o convertem, mesmo sem estar à frente de uma comunidade religiosa, numa liderança e numa referência entre o povo de santo.

Duarte sempre se mostrou solícito com minha pesquisa sobre a história e a etnografia da nação Jeje na Bahia e se converteu num dos meus interlocutores mais prezados, contribuindo, de forma decisiva, na reconstrução histórica do Terreiro do Bogum, publicada no meu livro: *A formação do candomblé*. Contudo, aquele era um trabalho produzido por um *outsider*, no qual muitas informações e nuances que Duarte detalhava, nas nossas conversas, ficaram de fora pelas exigências formais da narrativa acadêmica.

Ao contrário, as páginas deste livro contêm o relato saboroso de um *insider*, alguém que nasceu e foi criado naquela comunidade religiosa, liderada, durante três gerações consecutivas, por membros de sua família biológica, sua avó materna, Maria Valentina dos Anjos, mais conhecida por Mãe Runhó, a filha-desta, sua tia materna, Maria Evangelista dos Anjos Melo, também conhecida como Mãe Nicinha, e na atualidade, Zaildes Iracema de Mello, também referida como Índia.

Ele acompanhou, na década de 1940, em tempos da saudosa Doné Emiliana, anterior a Mãe Runhó, um dos períodos mais dinâmicos do Terreiro. Embora ficasse afastado da Bahia durante alguns anos por motivos profissionais, Duarte acompanhou de novo, de forma direta, as atividades do Bogum na década de 1970 e 1980, outro dos períodos mais efervescentes, quando o Candomblé ganhou maior visibilidade pública e no qual o ativismo dos Ogãs, junto aos movimentos sociais, foi essencial para a promoção e salvaguarda dos Terreiros.

A memória das experiências da infância longínqua e das vivências de luta e resistência mais recentes, as estórias contadas pelos mais velhos à luz do fifó ou à sombra da jaqueira, os fuxicos de boca pequena, os rumores e inclusive as piadas, mas também as lendas dos africanos no tempo da escravidão, todos esses registros que permeiam o imaginário de um Terreiro, e outros mais, se combinam e entrecruzam nos relatos que Duarte aqui nos regala. Muitos deles estão organizados em volta de personagens significativos da comunidade, que ele conheceu, escutou e observou nos seus comportamentos cotidianos, mas a coleção inclui também lembranças de festas e obrigações da Casa, cheia de preciosos detalhes etnográficos que ilustram a riqueza da cultura religiosa Jeje-Mahi e até permitem calibrar as mudanças que o passo do tempo impôs. Através dessa narrativa, Duarte também nos oferece reflexões profundas sobre os saberes e o poder daquelas personagens, algumas delas hoje lendárias, que educaram a sua personagem religiosa, sinalizando modelos de conduta, lições e referências que consolidam os alicerces da verdadeira liderança.

Ao mérito intrínseco dessa memória da ancestralidade da Casa, alia-se o talento literário do autor que, com uma escrita entendedora e fluida, impregnada da sonora e versátil riqueza do linguajar do povo negro baiano, em especial dos Candomblés, nos encanta e transporta a esse lugar da imaginação onde tudo é possível. Ficção e realidade reforçam-se mutuamente para evocar e revelar o espírito dormido no passado. Duarte já escreveu peças de teatro, poemas e contos, e ele conhece bem as artes de narrar, porque ele é um contador de histórias nato, um *griot* contemporâneo que, com sua fala vivida, consegue sempre envolver e cativar a audiência ou o leitor. Aliás, com sua experiência como pedagogo, diretor de teatro juvenil e comunicador, ele sabe da importância de repassar para as gerações mais novas os valores e as marcas identitárias de uma herança cultural afrodescendente, sempre ameaçada.

Para além disso tudo, a excepcionalidade e o interesse do livro vêm acrescentados ao fato de ele tratar da memória do Bogum, um Terreiro fundado por africanas e africanos no século XIX, que, junto à Casa irmã da Roça do Ventura, em Cachoeira, erige-se hoje em matriz ou modelo ritual do Candomblé de nação Jeje-Mahi na Bahia e no Brasil. Assim, *Terreiro do Bogum*, de Everaldo Conceição Duarte, nasce como uma contribuição preciosa ao patrimônio da cultura afrodescendente, porque ela é a história do Candomblé Jeje contada "de dentro", pela voz de um dos seus filhos, membro de uma das linhagens mais ilustres dessa tradição religiosa. Enquanto testemunho de experiência vivida, seu valor histórico é inapelável, mas ele também traz a carga afetiva da memória pessoal, que evoca um passado coletivo de sofrimento e resistência, de adversidade, luta e conquista cotidiana, de solidariedade e dignidade. Nesse sentido, a palavra clara do Agbagigan, ao trazer à luz fragmentos da sua recordação subjetiva, nos regala com visões reveladoras do passado do povo negro brasileiro como um todo. Uma dádiva singular que o leitor que enveredar pelas suas páginas vai celebrar.

Luis Nicolau Parés
Barcelona, junho 2016

Sumário

- 15 O começo
- 23 As irmãs
- 25 Manoel da Silva, o benfeitor
- 27 Mãe Runhó
- 29 Emiliana
- 33 Emiliana Ecoíbe –10.11.1950
- 39 Romana
- 42 Runhó
- 45 Ogã Romão e a Mata Sagrada
- 49 Piriguy
- 51 Narciza
- 54 Amâncio
- 56 Pozeheim
- 58 A jaqueira de Nanã
- 61 A mangueira de Oxóssi
- 63 Nicinha – Gamo Lokossi
- 67 Assombrações
- 69 Lalá
- 71 Coisas de Agué e Badé
- 74 Festa de Azoanoodô
- 76 A Festa de Agué
- 78 Os atabaques
- 81 A vidência
- 84 Os exemplos
- 86 Antonio Bonfim e suas lições
- 88 Os preceitos
- 90 Diva
- 92 As Hunsó
- 95 Dorinho
- 97 A Casa das Dans
- 99 Sogbo – o cirurgião
- 102 O Bogum e a II Guerra Mundial
- 105 A reforma
- 108 A decisão

O começo

Era uma noite sem precedentes. Além da chuva e do vento forte que varria os topos das árvores, as águas desciam a ladeira de acesso à praia que mais tarde viria a ser conhecida como ponto de partida dos saveiros que levam o presente de Iemanjá, no dia dois de fevereiro, no bairro do Rio Vermelho, em Salvador. Na verdade, aquilo que descia a ladeira não era água, mas uma lama vermelha e pegajosa que se arrastava desde o começo do caminho de terra que separava duas grandes propriedades e hoje é chamada de Avenida Cardeal da Silva.

Trovões, de quando em quando, abafavam o barulho da chuva e então o clarão dos raios feria, sem perceber, dois pares de olhos impacientes e nervosos. Eram os olhos de um casal de fugitivos do Engenho situado logo abaixo do caminho, que hoje se chama Pedra da Marca.

Esgueiraram-se por entre os pereguns[1] que formavam uma cerca desde a senzala até adiante, na encruzilhada, e sumiram no capinzal. Lá atrás ficaram os patrões, recolhidos pelo temor ao temporal. Pelo mesmo motivo, recolheram-se os capatazes e açoitadores uma vez que diante da fúria dos céus castigando a terra daquela forma não haveria sequer um negro com coragem de fugir. E por acreditarem, os negros, em tantas besteiras, não seriam capazes de desafiar o Deus dos Trovões, lá nas crendices deles.

---

[1] Peregun - conhecida como nativo, é um tipo de folha cuja finalidade é saudar os eguns.

Dentro da "dormida", um barracão coberto de palhas de coqueiros, diversos escravos amontoavam-se num canto onde a chuva não molhava e rezavam na língua de origem, pedindo aos Voduns que encaminhassem aqueles dois até um lugar seguro onde pudessem plantar o Axé que lhes fora confiado. Era noite de 31 de dezembro de 1719.

Já amanhecia o dia 1º de janeiro, quando os dois chegaram ao lugar. Era uma pequena clareira entre várias gameleiras e três cajazeiras altas, cujas raízes se destacavam acima do solo e se enroscavam umas nas outras, deixando espaços redondos vazios próprios para oferendas. Ali, os dois puseram-se de joelhos e fizerem preces a Dankassô.

Ainda chovia; uma chuva mais fraca e já não ventava. Os dois caminharam cerca de uns 20 metros e ela então desatou o Ojá, retirou os Otás de Bogum e Dan, escondidos entre os seios, e os entregou a ele. No rosto dela, as lágrimas se confundiam com as gotas da chuva que lhe encharcavam os cabelos e escorriam pelos seios, agora nus. O homem então ergueu os dois Otás acima da cabeça e cantou duas canções, invocando um e outro Vodum. Depois os colocou lado a lado, sobre um tronco da gameleira, e também chorou. Ajeitou uma porção de lama ao redor dos Otás e se juntou à mulher. Ficaram ali, ambos imóveis, enquanto, por entre as folhas das cajazeiras, uma serpente escura, com uma crista vermelha entre os olhos, observava. Três arco-íris desciam em cima dos Otás. Três deles se misturavam como que demonstrando a validade da missão que fora delegada ao casal. Era a presença de Mawu-Lissá e Ayduwedo. Estava plantado o Axé do Bogum.

Os dois ali se estabeleceram e viveram do que puderam. Lá no Engenho, só se deram conta do desaparecimento deles após os festejos do Ano Novo: cerimônia que os "senhores" festejavam, "sem cerimônias", durante uma semana de muito vinho e despreocupações e, por causa disso, acreditavam que os escravos, em tendo restos do banquete e sobras do vinho esquecido em cada caneco que lhes era dado a lavar, não mereciam maiores preocupações. E não foram recontados os escravos, nem requisitados para o trabalho durante o período.

Entretanto, a situação não durou muito.

Aconteceram várias buscas pelas matas em volta do Engenho. Foram descobertas várias Ocas abandonadas, certamente usadas por aventureiros em busca de novas conquistas, inclusive amorosas. Restos de animais de caça, alguns caminhos sem saída. Mas nenhum vestígio dos fugitivos. A dificuldade maior fora causada pelas chuvas no momento da fuga, que lavaram os rastros e os cheiros dos que fugiram antes, deixados no chão de terra e nos galhos dos arbustos que, à época, era mata fechada. Outra dificuldade do mesmo tamanho fora que aquela perseguição havia sido executada a pé, uma vez que os poucos cavalos, que eram dois, eram reservados aos passeios dos senhores à praia.

Passaram-se mais de dois anos para que, quase por acaso, se encontrassem os dois fugitivos. Foi quando vários outros escravos com um capataz se perderam caminho adentro do Rio de São Pedro, hoje chamado Lucaia, mais ou menos na altura da ladeira do Acupe, nome atual, pois que, na época, nem havia ladeira. Resolveram subir a encosta à esquerda e se depararam com uma pequena armação de madeira e palha de dendezeiros, com um quintal muito bem limpo e varrido, e, na frente da Oca, uma elevação de barro amassado com algumas pedras por sobre a mesma. Foi o fim da fuga.

Os novos perdidos resolveram descer, não sem antes destruírem a casinhola e levarem amarrado o casal antes ali estabelecido, retornando ao Rio de S. Pedro. Em direção ao mar, deram o contorno à praia e subiram a ladeira até o Engenho, caminhada que durou quase um dia inteiro.

A chegada à senzala se, por um lado, deixou alguns escravos revoltados, carregados pelo sentimento de insucesso da fuga do casal dois anos atrás, por outro lado, alegrou a uma porção de outros que sabiam da missão daqueles, da mesma origem de África, mas não sabiam se os mesmos haviam logrado êxito ou não, por não terem notícias deles há muito tempo. Agora, informados de tudo, sabiam que o Axé fora plantado e que podiam organizar novas fugas, sabendo para onde. Assim, várias outras "visitas" foram feitas ao local sacralizado. Algumas duraram até cinco anos, outras, apenas alguns meses. Em cada visita, o Axé era revitalizado e durava o tempo que os Voduns permitiam.

Numa dessas visitas, destacou-se outra também importante. Do mesmo modo como havia acontecido na primeira quando o casal, vindo de Mahi, trouxera escondido o Otá de Bogum e de Dan, desde a sua captura no outro continente até quando lhes foi revelada a tarefa de implantar os mesmos em terra onde se mostrassem os três pés de Zomadum, o que foi cumprido. Um forte guerreiro, herdeiro dos segredos de Kevioso, também portava missão semelhante. E foi mais ou menos do mesmo modo que a fuga do guerreiro se completou ao achar o mesmo local dos assentamentos de Bogum e Dan ao lado do assentamento de Inhangui e Lissá. Junto a eles, o guerreiro colocou os Axés dos Kavionos.

Durante muito tempo, o espaço foi visitado por outros do mesmo culto, principalmente nos dias primeiro de cada ano, ocasiões em que todos, de madrugada, desciam até uma fonte de água pura às margens do rio Lucaia e, por três vezes, retornavam com vasos daquela água para lavar os Otás implantados sob uma cobertura de folhas de dendezeiros, do mesmo modo que a chuva os lavara naquela madrugada do primeiro assentamento.

Já fazia muito tempo que os senhores de engenho haviam resolvido espalhar os seus escravos fujões. Entenderam que as fugas eram organizadas por grupos que falavam a mesma língua e então decidiram que aqueles, ao serem recapturados, deveriam ser deslocados para o Recôncavo. E foi assim que muitos deles se viram noutras terras como Cachoeira, Santo Amaro e adjacências. Os poucos que se encontravam no Alto do Bogum desapareceram por volta de 1765, deixando o Axé ali implantado, à exceção de dois.

Na realidade, esses dois formavam um casal. Ele se chamava Francisco Leite e ela, Thereza. Ambos permaneceram por mais tempo vivendo como pessoas libertas, ele desenvolvendo o trabalho de carregador, no largo do Campo Grande, e ela reclusa, cuidando dele e do resto. Tiveram como morada, até 1780, um quarto no Gravatá perto da Rua da Independência. Semanalmente ou quando podiam, os dois voltavam ao Bogum e restauravam os assentamentos.

Numa dessas jornadas, foram finalmente denunciados e enviados para um novo dono na cidade de Cachoeira e não mais voltaram.

Ainda menino, Gregório de Jesus conhecera Francisco Leite desde os tempos do Gravatá e sabia das suas atividades e do cuidado que o mesmo devotava aos Voduns. Agora, já rapazote, sabedor do infortúnio do amigo e de sua companheira Thereza, teve o cuidado de pensar em fazer uso do local para suas reuniões. Eram reuniões com vários colegas seus, nas quais tratavam de organizar movimentos de revolta contra o sistema que mantinha os escravos e ex-escravos sem alternativas de vida melhor. E foi assim que Gregório com mais um grupo de militantes reativaram o espaço do Bogum onde já existia um barracão coberto de palha, com cajazeiras e gameleiras em volta, em cujas raízes se achavam os assentamentos dos Voduns.

Na verdade, poucas reuniões houve ali. O espaço era usado para abrigar um ou outro militante perseguido pelas autoridades e alguns negros fujões. Mas era preciso manter as atividades religiosas em ação, pois assim o caráter político seria encoberto. E Gregório fez o que pôde com a ajuda de uma escrava já alforriada que morava na Vitória e lavava de ganho, de nome Martinha. A situação durou até quando se pôde resistir às invasões frequentes da polícia à cata de suspeitos agitadores, além da falta de recursos e qualquer ajuda financeira para manutenção das festas. De qualquer maneira, o fato é que tudo isso contribuiu para o que aconteceu depois, o levante chamado Revolta dos Malês (1835), no qual ficou patente a participação de vários frequentadores do Bogum. Descobriu-se depois que o nome da comunidade havia sido modificado. A expressão final que dizia originalmente Mahi Rundô e que muitos pronunciavam Mali Rundô agora já fora registrada como Malê Rundô. Mais tarde, se abririam grandes discussões a respeito, causando até algumas rupturas.

A Revolta dos Malês havia causado fortes ressonâncias positivas no meio da população e, em particular, na população de negros libertos e outros negros já nascidos livres e que haviam progredido financeiramente. No Bogum, com a doença de Gregório, o movimento religioso se enfraqueceu e se agravou ainda mais com a prisão de Martinha que, ao que parece, fora enviada para um novo dono nas bandas de São Francisco do Conde. Muito embora Gregório já tivesse conquistado alguns jovens como parceiros na manutenção das discussões políticas, como um tal de José Calafate, foi nas mãos de Joaquim que ele depositou o comando da sociedade, pois não conseguia mais, sozinho, dirigi-la. Note-se que, nesse período novo, o lado religioso do Terreiro sofreu com a ausência de Martinha.

Na administração de Joaquim, egresso da revolução, não se produziu muitas ações positivas na comunidade. Foi um período de muitas agressões por parte da polícia e dos agentes infiltrados, em busca de culpados e dos chamados insubordinados. Os Candomblés eram muito difamados e, por causa disso, muitos adeptos da religião precisavam negar seus credos, para própria sobrevivência.

Foi nesse clima de terrorismo que Joaquim, junto a Narcisa, procurou uma negra chamada Ludovina, e que tinha casa de morada nos lados da Saúde, para convidá-la a tomar conta do Bogum. Ela era conhecida de Narcisa e já havia frequentado algumas festas no Bogum. Era o final do ano de 1845.

Ludovina tinha grande prestígio dentro da comunidade negra em Salvador, pois diziam já haver ido à África duas vezes e trazido de lá muita coisa de Ebó. O certo é que ela era um polo agregador de ajuda e respeito entre os influentes da época, por isso não teve dificuldades em obter a presença de muitos colaboradores e recompor as dependências do barracão. Refez o barracão e várias casas que abrigavam pessoas durante as festas e inovou o piso da casa que, de chão batido, passou a ser revestido com caroços de dendê.

Era preciso fixar pessoas que pudessem elevar o Terreiro e irradiar simpatia aos novos adeptos. Daí Ludovina confirmou para Ogãs, visto que já haviam sido suspensos: o senhor Isidoro, dono de uma vila de casas no lado esquerdo do rio Lucaia, e Moraes, comerciante no centro da cidade. Foi o começo da estruturação da sociedade civil que mais tarde iria ser a Sociedade Fiéis de São Bartolomeu.

Durante a gestão de Ludovina, muita coisa aconteceu para o fortalecimento do Terreiro, inclusive a iniciação de certa senhora, de nome Valentina, que se transformaria em foco de atenções pela sua desenvoltura e sabedoria. Era uma fiel seguidora de Ludovina e pessoa de sua confiança. Dançava muito bem e era a única voz que se podia distinguir no meio da cantoria que se fazia entoar nas festas com o barracão cheio de gente e todos cantando ao mesmo tempo. Não por acaso Valentina seria a próxima comandante do Bogum, junto a Manoel da Silva.

A fama de um Terreiro Mahi, dirigido por uma africana viajada, correu o Recôncavo.

Em Cachoeira, muita gente envolvida com Candomblé ainda de forma difusa e outros adeptos dos Calundus souberam do fato e vieram ver de perto. Muitos foram suspensos para Ogãs e Ekedes e muita mulher "bolou". As caravanas que subiam a

Ladeira do Bogum iam cantando e saudando a Casa que estavam a visitar. Ficavam ali hospedados por quinze, vinte dias ou enquanto durava cada obrigação dirigida a cada Vodum.

Desciam todos cantando cantigas tristes de despedidas.

Numa dessas descidas, Ludovina também desceu.

Os convites vindos de Cachoeira para Ludovina não eram poucos. Mulher, vaidosa, famosa, bonita e jovem, Ludovina não resistiu aos chamamentos e foi visitar Cachoeira. Fez amizades, se encantou e encantou muita gente.

Ludovina voltou cerca de três ou quatro anos depois. Voltou, a pedido, para cuidar da iniciação de Emiliana uma vez que Raquel, aquela que respondia na sua ausência, não possuía os conhecimentos necessários para tal iniciação.

Emiliana era filha de uma negra próspera, que morava no Castanheda em casa própria, que, além de ser elegante e cativadora de simpatias, possuía hábitos finos e se trajava muito bem. Por isso, impunha respeito aos que a admiravam. Dessa forma, a iniciação de sua filha Emiliana, ainda menina, no Bogum, causou comentários em toda cidade e contribuiu para arregimentar personalidades da cidade de Salvador para o Terreiro nos idos de 1871.

Nos anos seguintes, deu-se o racha entre os que sustentavam a comunidade. A questão da mudança do nome da comunidade religiosa dividira os Ogãs e colocara uma barreira entre eles e as Ekedes e Vodunsis, pois que essas não se intrometiam nas questões da sociedade.

Ludovina voltou novamente para Cachoeira e dela não tivemos mais referências. O Bogum se esvaziou de Vodunsis visto que, sem culto frequente, quase todas foram também para Cachoeira ou se bastaram em suas próprias Casas.

Daí as instalações entraram em decomposição e o mato tomou conta do Terreiro.

As irmãs

Eram três irmãs: Maria Valentina, Brasilina, chamada Santa, e Guilhermina, chamada Nininha. Todas três nasceram na Estrada da Liberdade onde seus pais, João Francisco dos Anjos e Maria Prisciliana dos Reis que, todos chamavam de Donana, possuíam uma casa de alvenaria bem construída, pois que João Francisco era um mestre de obras, profissão que, na época, era considerada de elite. As três cresceram, trabalharam e, tempos depois, mudaram-se com a família para uma nova casa na Roça do Governo, no final do século.

Santa casou-se com Ezequiel e teve muitos filhos, homens e mulheres dos quais falaremos adiante, de acordo com a necessidade.

Guilhermina juntou-se a João Gago, que tinha um jumento e fazia transporte de gêneros alimentícios entre feiras e consumidores. Não teve filhos e veio a falecer de cirrose hepática.

Valentina juntou-se, no primeiro momento, a Gonçalo Alpiniano de Melo e, depois, a João Plácido da Conceição. Do primeiro ajuntamento nasceram: Amâncio Ângelo de Melo, Ricardo dos Anjos Melo e Evangelista dos Anjos Melo. Evangelista seria mais tarde motivo de comentários mais contemporâneos, visto que muitos ainda se lembram dela na figura de Gamo Lokossi. No segundo matrimônio, Valentina gerou Áurea Plácida da Conceição, Pequenita e Elísio, todos com o mesmo sobrenome.

A razão dessa descrição cronológica se perceberá mais tarde com o desenrolar dos fatos.

Na verdade, para melhor entender, é bom que se diga que João Francisco dos Anjos era caboclo, filho de um negro "africano puro", chamado Estevão, com Maria Prisciliana dos Reis, Donana, que era filha de Andreza e Alexandrino, de origem brasileira, um negro filho de Silivera, também brasileira, e de homem que não nos lembramos, visto que aí já estamos nos anos mil setecentos e pouco.

Manoel da Silva, o benfeitor

Manoel da Silva era conhecido em toda região do Engenho Velho. Trabalhava como cobrador de impostos territoriais aos posseiros e rendeiros de terras daquele lugar, e, como tal, possuía prestígio e gozava do respeito de todos quantos sabiam de sua existência.

Andava a cavalo como se fora o feitor de todas as fazendas, esbanjando autoridade e simpatia, vestido de branco, chapéu panamá e botas de cano longo. Era mestiço e gostava de um bom vinho, além de se envolver com as raparigas que se encantavam com seu porte. Todos diziam que ele era de Oxalá, devido ao fato de só se trajar de branco; entretanto, era mesmo de Ogum. Na verdade, era Ogã de Oxalá no Candomblé do Engenho Velho, hoje Casa Branca.

Certa vez, Manoel foi visto ao sair da casa de uma mulher casada com um português dono de terras dos lados da Chapada do Rio Vermelho, e o fato foi levado ao marido, que se encontrava numa empreitada para compras de terra lá pelas bandas de Cachoeira.

Poucas pessoas tomaram conhecimento ou comentaram o ocorrido, pois todos conheciam a fama do marido daquela senhora. Nem mesmo Valentina, uma negra alta e forte, companheira de Manoel, soube disso. Valentina, além de arruaceira, tinha prática no uso da faca, pois, antes de ser a esposa de Manoel, vendia carne de gamela na feira e era feita de Ogum.

O medo tomou conta de Manoel. Não se podiam prever as consequências do seu despautério, no retorno futuro do marido enganado.

Desesperado, numa tarde de sol, ao passar pela Ladeira do Bogum, Manoel teve uma visão. O calor era muito grande, sem contar o cansaço por já haver rodado por vários pontos desde a Ladeira de São João até a Federação. Debaixo do pé de Lôko, na esquina da ladeira, Manoel sentou-se e se entregou a pensar na questão com o marido traído. Traído e informado. Na sua frente, erguiam-se os destroços do barracão do Bogum. As paredes caídas pela metade mostravam-se como se fossem de um castelo, muralhas em construção.

Veio-lhe a inspiração, ou a fé, ou quem sabe ambas as coisas. Em voz alta, de joelhos nas raízes do pé de Lôko, exclamou: "Se Oxalá resolver essa questão com a rapariga, eu mando reconstruir esta casa e tomo conta".

O marido enganado voltou informado, mas com muita saudade. Além disso, sua companheira traidora fora informada, também, das aventuras do marido que até mantinha casa montada em Cachoeira para outra mulher, que tinha traços de índia. Dessa forma, deixaram, os dois, o dito pelo não dito e viveram felizes para sempre.

Manoel da Silva cumpriu a promessa. Reergueu o barracão, assumiu o controle das dívidas fundiárias, pois era credor e devedor ao mesmo tempo, e Valentina, como filha de santo da antiga Doné Ludovina, fez-se merecedora da posição de chefe dos assuntos religiosos.

Mãe Runhó

Foi na gestão de Manoel da Silva que se deu a iniciação de Maria Valentina, Runhó de Sogbo. Em 1911, Manoel da Silva era tido como o "Pai de Santo" do Bogum, mas, na verdade, só lhe cabia decidir as questões civis do Terreiro e zelar pela sua manutenção. Inclusive era quem assumia as despesas, grosso modo, por assim dizer. Ao seu lado, Valentina, filha de santo de Ludovina, era quem assumia todas as questões religiosas, de forma que, pela sua simpatia, pôde conquistar a presença de muitas pessoas entendidas para lhe assessorar na direção, desde os anos de 1890. A presença e a colaboração dessas pessoas foram muito importantes no ritual de iniciação de Maria Valentina, Runhó. Observemos que foram duas Valentina.

Imagine-se que, já àquela época, se iniciava uma mulher de Sogbo no Terreiro Jeje-Mahi. O fato, além de despertar atenções, provocou muita inveja e curiosidade. Poucos na Bahia sabiam como proceder para "fazer" um Sogbo. Daí que muita gente importante se ofereceu para ajudar no Rundeme. Aceitou-se as presenças de Henriqueta e Olímpia de Campinas, Coleta de Iemanjá junto a uma "velha gorda" chamada Doú, também de Iemanjá, que tinha uma fala grossa e imitava ou substituía os atabaques, batendo com os punhos cerrados no próprio peito, nos ensaios das Iaôs. Também veio Regina do Pozeheim, que era tia de Tomázia. Acrescente-se que, no mesmo Barco de Runhó, se iniciava uma cidadã de Gun, chamada Dadú, e que tinha uma família residente dos lados do bairro da Caixa D'Água, com muitas posses e influência política.

Na iniciação de Runhó, até os atabaques foram encomendados, novos, de jacarandá e envernizados.

Durou mais de trinta anos a administração de Valentina com Manoel da Silva e só não se prolongou por mais tempo devido ao adoecimento daquele que soerguera o barracão. Manoel faleceu e com ele o suprimento das necessidades da Casa. Valentina não teve condições de juntar pessoas com capital suficiente para fazer frente às despesas de manutenção e também, já se aproximando dos 90 anos de idade, sem fôlego para recomeçar, veio a falecer logo depois.

A influência do pessoal de Cachoeira sobre as Vodunsis do Bogum já era percebível desde os tempos da segunda visita de Ludovina. No momento em que Manoel da Silva deixou de suprir as despesas da Casa, muitas delas foram para o interior e lá ficaram.

As ameaças dos agentes de Polícia contra os Candomblés foram reforçadas com a participação ativa de alguns jornalistas puritanos e outros "bem pagos" pela burguesia intolerante. Dessa forma, ninguém no Bogum tinha ânimo para "sustentar o fogo". Assim, mais uma vez, a comunidade viu o barracão se encher de mato por um período que durou quase quinze anos.

Mais tarde, uma frase de Emiliana, em conversa, iria explicar muita coisa. Ela dizia:

– O mato é sagrado e Dan vive no mato. Portanto...

Emiliana

Em 1935 moravam no Bogum, proximidades do Barracão em ruínas, alguns dos personagens responsáveis pelo renascimento do Terreiro. Um deles era o Ogã Romão, Ogã respeitado, confirmado no tempo de Valentina e Manoel da Silva. O outro era o Ogã Salú, que valia por dez. Outro de peso era Ludugério, que era dono de uma venda na Rua Dois de Julho, hoje Vasco da Gama, e de uma vila de casas do outro lado do rio, em frente a uma venda.

Esse grupo de homens respeitáveis e corajosos se juntou a Ekede Santa, de Nanã, mais precisamente Maria Brasilina dos Santos, irmã de sangue de Runhó, e, com Runhó a tiracolo, foram conversar com Emiliana, na casa da mãe dela no Castanheda.

Voltaram com a decisão de levantarem a Casa e Emiliana dirigir. Antes, no entanto, seria preciso consultar os Voduns. Foram consultar os Olhadores.

Santa foi com Runhó "olhar" com Aprígio. Os outros saíram para o lado do Busquejí, à procura de Justina e de Teodora, chamada Mãe Eudóxia. Voltaram com as melhores notícias pois todos os Olhadores confirmaram a proposta do grupo e mais: era o ciclo de Águé, que prenunciava bons momentos para o futuro. Águé era o Vodum de Emiliana.

Em princípio, ou melhor, de pronto, era preciso fazer diversas obrigações na Casa e fora dela, com urgência. Mas já não havia mais casa. Era um labirinto de paredes caídas, salvando-se apenas o Pejí, que permanecera intacto.

Era preciso fazer o Zerí de Valentina, que só havia feito o de três anos. Faltavam o de sete e o de quatorze anos, que

Emiliana (à direita) e outra Vodunsi do Bogum (Foto: Lorenzo Turner, 1940)

estava vencendo. Foi quando Santa teve a ideia de se fazer um barracão de palmas de dendê no quintal e iniciar o ritual de Kutitó, enquanto se resolvia o problema de verbas para levantar a casa maior.

Findo o ritual em favor dos mortos, Emiliana tomou posse. Tomou posse ainda no barracão de palha e se atirou com força na reconstrução do prédio.

Vários mutirões foram executados. Ezequiel, marido de Ekede Santa, arregaçou as mangas e, como mestre de obras dos bons, orientava, calculava e dava material de construção. Enfim todos se irmanaram no propósito de fazer ressoar novamente os atabaques do Bogum, agora envernizados.

Emiliana teve um reinado tranquilo e sossegado. Eficiente, dura, bondosa e, sobretudo, sábia nas suas decisões, contou com a assessoria de Romana e de Ekede Santa no primeiro escalão de sacerdotes experientes e competentes. Essa assessoria lhe permitiu executar a iniciação de outras Vodunsis também importantes e dedicadas que, mais tarde, se incumbiriam de cuidar do processo de continuação da tradição Mahi. No momento em que despontava o modismo de se iniciar sacerdote Jeje, muita gente importante se aproximou do Bogum, com ofertas em dinheiro, tentando adentrar nos recintos sagrados. Emiliana foi a primeira a colocar que, para iniciação Jeje-Mahi, é preciso ter os requisitos ordenados pelos Voduns; é preciso atender a certas exigências mantidas em segredo, sem as quais o indivíduo não pode se iniciar. Essa postura de Emiliana desagradou a muitos candidatos, principalmente vindos do Rio de Janeiro e de São Paulo, que àquela época desejavam obter status na sociedade religiosa afrodescendente através do Bogum. Do lado de dentro, Romana não rezava pela mesma cartilha e gostava de uma boa gratificação. Por isso, iniciou e prestou assistência religiosa a muitas pessoas, fora do Terreiro, com aprovação de Emiliana.

Os critérios de Emiliana, no que se refere ao culto da religião, sempre foram os mais corretos e tradicionais, sem deixar de atender às inovações apresentadas pelo progresso tecnológico.

Quando Ogã Lídio, ainda estudante de medicina, se apresentou em uma festa, pela primeira vez, de paletó e gravata, no Bogum e demonstrou interesse em pertencer à comunidade, ela não concordou. Foi necessário que Lídio esperasse pacientemente por mais três anos para que então fosse admitido. Tempos depois, o mesmo foi suspenso para Ogã, confirmado e, pelo seu comportamento, promovido para um dos mais altos postos na estrutura religiosa do Bogum. Do mesmo modo, ela se recusou, de início, a confirmar João Bernardo, Ogã suspenso que era, e só abriu mão de sua decisão muito tempo depois. Após seu falecimento, todos reconheceram o verdadeiro caráter de João Bernardo.

Noutra ocasião, para atender ao pedido do Babalorixá Cristóvão, que tinha um Terreiro nas Ubaranas, bairro de Amaralina, Emiliana liberou Runhó e Nicinha para cuidar da iniciação de uma filha dele, chamada Arlinda, visto que não se podia iniciá-la no Bogum, por condições que não se pode revelar e cuja iniciação teria que ser feita nos princípios de Jeje-Mahi. Tudo foi realizado na mais perfeita obediência às recomendações e à supervisão dela.

Não se sabe ao certo, pelo menos nunca soubemos, de onde Emiliana retirava tanta sabedoria e firmeza. Ela sempre obtinha a aquiescência de quem quer que fosse para o que quer que tivesse de ser feito ou repensado. Ninguém lhe dizia não. Todas as suas solicitações e determinações eram seguidas de citações que enviava as pessoas à meditação. Quando alguém lhe elogiava a sabedoria, respondia com um muxoxo:

– Eu nunca não vi quem soubesse de tudo.

Emiliana Ecoíbe - 10.11.1950

Emiliana faleceu em 10 de novembro de 1950. Todos aguardavam com ansiedade a notícia de quem haveria de tomar conta do lugar vago – cargo maior no Bogum. Nos Runkós da Bahia inteira, era a conversa ao pé do ouvido do momento. Uns apostavam que o pessoal de Cachoeira seria trazido pelas circunstâncias e, em consequência, se daria a fusão dos dois reinos. Outros, mais comedidos e conhecedores do processo, apostavam que o cargo mesmo ficaria com uma Vodunsi do Bogum, das mais antigas.

De esquerda à direita: Ogã Romão, Emiliana, Romana, uma Vodunsi, João Bernardo e Amâncio Melo (Foto: Melville Herskovits, 1941. Schomburg Center, NYPL)

Das mais antigas Vodunsis do Bogum, restavam Runhó de Sogbo, Dadú de Gun e Anita de Azonsú, entretanto, diversas Vodunsis de Cachoeira rodavam e frequentavam o Terreiro.

De Cachoeira, destacava-se Romana de Kpó, absoluta, pelo seu conhecimento e pelo porte soberbo e elegante. Dizia Romana que em Salvador se vivia melhor que em Cachoeira, pois havia transporte para qualquer lugar e muitos lugares para visitar.

O que as pessoas de fora não sabiam, nem todos, claro, era que, "de dentro", havia uma corrente modernista que não concordava com as leis do sagrado e pregava reformas a todas as normas que até então estavam regendo a comunidade.

Essas ideias modernas partiram de João Bernardo, presidente da Sociedade Fiéis de São Bartolomeu, que trabalhava como Inspetor de Alunos no antigo Instituto Normal da Bahia, hoje Instituto Central de Educação Isaias Alves – ICEIA. Ali, no colégio, o inspetor reinava absoluto. Todos os respeitavam. Até alguns professores o temiam.

Acostumado a ser obedecido sem réplicas, esse senhor queria, na ausência de Emiliana, fazer da comunidade seu reduto de seguidores.

Entretanto, seus fiéis seguidores eram: uma Ekede chamada Raimunda, muito entendida, e Dadú, de Gun, irmã de santo de Runhó.

Com esse cenário composto, o desenrolar das cenas, até o final, foi complicado.

Os Voduns determinaram, através do processo de escolha tradicional, que o cargo seria de uma Vodunsi de Sogbo. No caso, Runhó foi a escolhida. Entretanto, João Bernardo e a Ekede Raimunda se rebelaram, defendendo a escolha de Dadú, o que contrariava a vontade dos Voduns. Dessa forma, se estabeleceu uma situação clara e definida de descontentamento entre o presidente da Sociedade e as iniciadas.

Os desentendimentos se avolumaram a ponto de João Bernardo fechar o barracão e levar consigo as chaves, se recusando a devolvê-las.

Meses se passaram sem que as nuvens de chuvas se afastassem para que se permitisse uma visão mais clara da situação, a fim de que se caminhasse na direção do entendimento entre as partes. O barracão começara a se deteriorar; o mato crescia em volta.

A solução veio, como sempre, através da intervenção dos Voduns. Dessa vez foi o próprio Sogbo de Runhó quem chamou Romana e propôs que a mesma assumisse até que sua filha, Runhó, cumprisse determinada obrigação (que não me cabe revelar) necessária para ser empossada. Romana aceitou e logo tomou as providências de emergência. João Bernardo relutou, relutou, mas acabou entregando as chaves a Monteiro, a pedido de Romana.

Antônio Monteiro, ainda que pertencendo à Casa Branca, tinha muita influência na Sociedade Fiéis de São Bartolomeu, a qual prestou relevantes serviços e, dessa forma, construíra uma imagem de respeito frente a João Bernardo e a todos da Casa.

Apesar de haver concordado em entregar as chaves a Monteiro, João Bernardo nunca mais voltou ao Bogum, vindo a falecer cerca de sete anos depois, dizem, num hospital da rede pública. Dadú também se afastou definitivamente e morreu, supostamente numa sessão espírita. Ekede Raimunda faleceu numa cadeira de rodas, após praticar, por algum tempo, atendimento a clientes em dificuldades religiosas.

As Vodunsis de Cachoeira, não todas, sentiram que a indicação de Romana como "provisória" não fazia sentido, o certo seria "definitiva", "única", ou então coisa nenhuma. A revolta foi muito discutida e, em consequência dela, muitas se afastaram, embora não todas, da frequência ao Bogum. Depois dessas irreverências, as relações entre os Terreiros ficaram abaladas e não mais se viu uma concentração de Vodunsis de Cachoeira no barracão do Bogum.

O racha de Cachoeira não abalou Romana que, além de gostar de viajar, possuía uma grande força religiosa, concedida pelo seu conhecimento, tanto que, quase sempre, ela visitava a comunidade de lá, não só para decidir questões, como para se divertir. Essa atitude serviu para amenizar os constrangimentos gerados pela separação.

Romana assumiu o poder em 1953 e faleceu em 1956. Nesse período, a comunidade voltou a trabalhar em função das novas determinações e, em especial, refazer o barracão danificado pelo longo espaço de tempo sem atividades. Era preciso cuidar de paredes, telhados, portas e janelas. É nesse período, justamente, que a Sociedade, já com nova diretoria, se faz presente e elabora vários planos de obtenção de recursos e mutirões de ajuda.

Ezequiel, marido de Ekede Santa, comprou uma casa ao lado da casa-grande a qual servia de reforço para hospedar, além da família, outras pessoas que não podiam dormir no barracão.

Ao lado da casa de Ezequiel, uma quitanda de um senhor chamado Tutu, alto e cego de um olho, tomou ares de venda e cresceu. Na verdade, todos nas redondezas se motivaram com o fato do Bogum haver recomeçado.

Nas redondezas da casa-grande do Bogum, nessa época, pouco havia de gente, ou de casas com moradores, em comparação ao que existe hoje.

Do lado direito de quem sai da casa, o que se via era: a casa de Ekede Santa, a venda de Tutu e mais duas casas ao lado da venda. No mais, nesse mesmo lado, eram as mangueiras no meio da rua. Descendo era a Ladeira João de Deus, e vários dendezeiros que se espalhavam ribanceira abaixo em direção à fonte da Rua da Muriçoca onde a gente tomava banho nos dias de domingo, após encher os potes, de água limpa, colhida na mesma fonte por nós mesmos, em latas conduzidas nas cabeças. Do lado esquerdo, a ladeira do Bogum e, ao lado dessa, só o mato.

Eram várias árvores de diversos tipos que cresciam desde o lado da casa até a Linha do Bonde, que se alongava até um caminho estreito, de barro, que hoje é a Avenida Vasco da Gama.

Esbarravam-se em outra ladeira que dava acesso ao alto das Palmeiras, que se chamava "Os Coqueiros". Várias árvores daquele espaço eram consagradas aos Voduns da Casa e tinham os assentamentos respectivos aos seus pés. Os Ojás amarrados em cada tronco distinguiam de longe o que era de quem. Descendo a Ladeira do Bogum, hoje Manoel do Bonfim, havia não mais do que cinco casas ao lado direito e duas do lado esquerdo, uma das quais era de Antônio Bonfim e depois a de Cipriano. Dos quais, falaremos mais tarde.

Em frente à casa-grande, havia três cajazeiras enormes cuja disposição geométrica era de um triângulo retângulo com o vértice do ângulo reto encostado na cerca da casa de Ekede Santa, outro no alto da ladeira e o terceiro do outro lado da rua. Quem quer que tivesse de passar pela ladeira teria que passar por sob as cajazeiras – dizem que essa configuração cabalística foi o que determinou o primeiro assentamento do Axé do Bogum no lugar onde está. Além das cajazeiras, havia várias mangueiras e um coqueiro dedicado a Piriguy e muitas ingazeiras.

No fundo da casa-grande, as jaqueiras eram muitas e frutificavam quase o ano todo. As gameleiras, que sempre foram duas, não eram ainda comprometidas com nenhum Vodum, pois eram muito próximas da casa e, por isso, vulneráveis a curiosidades dos visitantes.

Vodum só tinha assentamento nas árvores mais distantes e de difícil acesso aos curiosos.

O lugar mais populoso, onde havia mais gente e casas, era no alto "dos coqueiros". Ali, a gente se organizava nas festas de fim de ano e enfeitava a rua com bandeiras e folhas de dendezeiro. Tinha a venda de Martins com suas irmãs no balcão, encantando, a todos os rapazes, pelo que tinham de bonitas e sérias, e seu irmão meio avançado para a época. Havia também a quitanda de Lourdes e ainda um lugar que vendia pão quentinho, mas não era padaria. Resumindo, uma quantidade aproximada de doze casas. No largo onde se ergue o busto de Mãe Runhó era o campo de futebol, que se limitava com a Roça de Ogã Gregório.

    Como se percebe, essa população, diminuta à época, pertencia à comunidade do Bogum e se envolvia com os rituais ali praticados, de forma que a paralisação das atividades religiosas em decorrência das futricas de João Bernardo deixou a comunidade vazia de participação e envolvimento. Ora, no momento em que os atabaques voltaram a soar os toques de chamamento, foi uma corrida feliz de todos para atender. As pessoas se abraçavam, choravam, sorriam e se reabraçavam. E assim, se abriu, mais uma vez, as portas do Bogum para a gestão de Romana, que nem festa de posse teve.

Romana

Romana geriu o Bogum com sabedoria durante três anos sem se investir do cargo oficialmente, como se diz nas altas rodas da sociedade.

Romana foi a grande articuladora da transição do governo Emiliana para o governo Runhó. Não botou nenhum Barco durante sua passagem pelo poder; o que significa dizer que não fez uma iniciação sequer no Terreiro, entretanto iniciou pessoas fora da comunidade e fez várias parcerias de iniciações. Vicente de Ogum, ou Vicente do Matatú como era conhecido, foi um dos seus mais importantes filhos, e mais, seu mais fiel discípulo.

Antes mesmo de assumir a direção da Casa, Romana já demonstrava seus dotes de articuladora política e analista partidária. Acredito que, se não o maior, foi um dos seus maiores feitos, a mediação no caso de Gaiakú Luiza.

Essa mediação foi ainda na gestão anterior à sua, quando Emiliana ainda era viva e se preparava para a Saída de suas iniciadas.

A agitação no Rundeme era grande diante dos arranjos que se faziam necessários ao grande acontecimento. As Vodunsis responsáveis pelo apronto das Iaôs, algumas, estavam orgulhosas pelo resultado obtido, outras nem tanto.

A velha Emiliana, sentada no canto da porta (era seu lugar preferido; por ali só passava quem ela permitia), observava e, de vez em quando, levantava a bengala. De quando em vez, emitia um som gutural como "kum", de boca fechada, para dizer da sua aprovação, e "kum-kum" para quando desaprovava.

Romana, sentada em frente, batia palmas no ritmo de Avaninha para regular os passos de sua nova filha pequena, Agoríssi. Foi se chegando para junto de Emiliana e sentou-se ao seu lado. Passadas mais ou menos duas ou três cantigas de ensaio, se chegou mais perto e falou ao seu ouvido:

– Donace, eu tenho que lhe pedir um favor.

Emiliana se acomodou melhor no banquinho, recolheu a bengala, deixando livre a passagem para a porta e se inclinou ligeiramente para o lado de Romana sem tirar os olhos das novas, que dançavam num ritmo só, sem nenhuma música.

– Eu nem não acredito – respondeu.

Romana, diminuindo a voz, prosseguiu sem se importar muito com o que estava acontecendo em volta: "Apois é, a gente está com uma criatura recolhida, de Cachoeira, que não pode ficar lá e não pode ficar na Casa de quem quer que seja".

Emiliana respondeu, com seu costumeiro gutural: "kum-kum, aqui não pode, arranje outro lugar".

Aí, Romana contou que a distinta implicou com outra mulher, também recolhida, e que nada de mal aconteceria se ela "viesse para cá" e continuasse as obrigações, e depois fosse embora.

Outros detalhes da conversa não temos, mesmo porque o diálogo parou aí e só teve prosseguimento noutro momento e lugar. O certo é que, uma semana depois, chegava uma mulher chamada Luiza e se juntou às outras no Rundeme para se inserir no processo de iniciação. Ficou e, na grande Saída, também saiu com as outras para o Abassá e foi muito notada pelos presentes, pois era a única com cabelos já crescidos, a dançar.

Dessa forma, Romana pôde ser vista com a responsável pela iniciação de Gaiakú Luiza Franquelina da Rocha no que diz respeito à sua vida religiosa.

Em 1956, Romana deixava o convívio dos vivos. Virou Kutitó. Muitos sentiram e ainda sentem sua ausência.

Romana (Foto: Melville Herskovits, 1941. Schomburg Center, NYPL)

Runhó

Maria Valentina dos Anjos – nascida de João Francisco dos Anjos e Maria Prisciliana dos Reis – filha de Sogbo, conhecida como Runhó – passou a ser a nova Doné do Bogum, chamada de Mãe Runhó.

Antes, muito antes de se iniciar e de se entregar a Sogbo, em 1911, Maria Valentina era uma menina que gostava de quebrar os paradigmas. Foi ela, dentre as três irmãs, quem primeiro saiu de casa, para morar junto a um companheiro e pariu três filhos dele. Quando percebeu que o passo foi mal dado, já estava criando os três filhos, Amâncio, Ricardo e Maria Evangelista dos Anjos Melo (Nicinha), sozinha, há mais ou menos cinco anos. Gonçalo Alpiniano de Melo, o pai de Amâncio, Ricardo e Nicinha, era angoleiro dos bons e proveniente do Axé de Mariquinha Lembá, famosa à época e precursora de muitos Terreiros de Angola de Salvador. Maria Valentina era de Sogbo, Jeje. Não houve como se conciliar a convivência do casal em harmonia com Voduns e Inquices.

Foi bom, antes de durar.

Depois, de outro marido, João Plácido da Conceição, agora já iniciada, Runhó, e seus três novos filhos, Áurea, Pequenita e Elísio (Filhinho), juntaram-se aos três anteriores para inventarem um novo nome para batizá-la – Nió.

Nió era como todos os filhos a chamavam, o que, de certa forma, causava ciúmes aos que não gozavam daquela intimidade.

Runhó repartia tudo o que tinha e foi quem mais ajudou às próprias irmãs de santo. Esse procedimento fez com que, muitas vezes, Ekede Santa, sua irmã, lhe chamasse a atenção.

Agora, com todas as obrigações feitas, na ausência de Romana, Runhó pode cumprir as determinações dos Voduns: assumir o comando das atividades do Bogum. E assim o faz.

Veio gente de todos os Terreiros de Salvador, muita gente de Cachoeira, Santo Amaro e Muritiba para assistir à posse. Na verdade, o interesse de grande parte dos presentes à cerimônia era mesmo de ver como se fazia o ritual, uma vez que era raro o acontecimento.

Passada a posse e cumpridos os resguardos, Runhó despertou para a realidade de novos problemas da comunidade: a questão fundiária.

Maria Valentina dos Anjos, Runhó, e Antônia, esposa de Amâncio. A criança agachada é filho de Ogan Amâncio. (Foto: acervo familiar)

Os donos das terras, preocupados com a demanda cada vez mais crescente, pressionavam o Terreiro com aumentos sucessivos no pagamento do arrendamento.

Em paralelo, os invasores atacavam, aqui e ali, na expectativa de ganhar um pedaço de terra. Ainda por cima, restava a tarefa religiosa de cuidar dos filhos e das filhas da Casa. Não fosse a presença constante de Ekede Santa junto a Runhó, a caminhada dessa teria sido muito mais difícil. Santa estava à frente ou atrás de todas as questões e, como conselheira ou executiva, sempre ajudava no encontro das soluções.

Runhó foi morar no Bogum para, de perto, perceber os movimentos dos invasores.

Entretanto, essa morada se alternava com a sua própria casa na Ladeira da União no Engenho Velho de Brotas, junto à sua filha Áurea, e a poucos metros da casa de Nicinha, sua outra filha.

Nessa época, todos moravam perto uns dos outros.

Amâncio residia com esposa e filhos numa travessa da Ladeira do Sapoti, em frente ao Dique do Tororó. O outro filho, Elísio, chamado Filhinho, morava de aluguel numa vila de casas na Muriçoca, que antes era uma passagem de animais para um imenso capinzal e de pessoas que cortavam caminho para chegar ao Garcia antes do antigo Primeiro Arco.

Dessa forma, a comunicação entre Mãe Runhó e seus filhos de sangue se processava sem dificuldades, menos com Filhinho, o único que morava mais longe. Daí, Runhó cedeu um espaço para que ele construísse sua morada ao lado da casa-grande.

Ogã Romão e a Mata Sagrada

Romão tinha uma casa beirando a cerca do parque Sagrado do Bogum, lá pelo lado dos Coqueiros, antes de começar a Ladeira do Pozeheim, no lado de cima. A casa ficava defronte ao citado Terreiro.

O parque sagrado não era chamado como tal. A convivência com os assentamentos em cada árvore era tão comum que não se fazia necessário chamar a atenção da comunidade para o que a mata significava. Cabe-me agora, depois de extinta a mata, compará-la com o que, no Benin, se chama oficialmente de Floresta Sagrada.

Eu vi, no Benin, os mesmos sinais religiosos, os mesmos tipos de reverências, as mesmas disposições de monumentos e trabalhos artesanais que existiam na mata do Bogum.

Para meu espanto, me senti em casa quando entrei naquele lugar com os seus monumentos, as suas histórias e os seus mitos. A única diferença que percebi foi na árvore de Lôko (que lá não se chama Iroko), que não se parece com as gameleiras do Bogum.

O parque sagrado do Bogum tinha vida própria. A energia gerada ali pela presença dos Voduns encantava a quem quer que o visitasse. A mata atlântica crescia solta e protegida. A fauna era abundante e as orquídeas reinavam, entre outras flores, soberbas nos dendezeiros. Os saguis brincavam de esconde-esconde e eram os principais devoradores de oferendas, como mandam os Voduns.

À noite, ninguém se atrevia a entrar na mata sozinho, a não ser o Ogã Romão.

Era Romão quem cuidava de quase todos os preceitos dados para os Ogãs realizarem. Foi ele quem ensinou os toques de atabaques ao Ogã Amâncio que, por sua vez, ensinou a todos os que ainda vivem até agora.

Todas as folhas sagradas eram de seu conhecimento e, como tal, todos os caminhos da mata do Bogum também. A gente ficava esperando Romão chegar para começar a festa no barracão, que não tinha luz elétrica. Lá fora, às sete horas da noite, parecia meia-noite. De repente, Romão aparecia de dentro da mata como se tivesse caminhado pela Rua Chile, num dia de festa. Do mesmo modo, quando das obrigações cumpridas de madrugada antes do nascer do sol, o fato se repetia.

Ninguém gozava de maior confiança de Emiliana do que Romão. Sem ele, ela não decidia. No entanto, Romão era tímido e recatado. Sempre abaixava a cabeça para ouvir as recomendações de Emiliana, de Runhó e de Romana. Nos momentos em

Ogã Romão (no centro) entre os Ogãs Amâncio e João Bernardo (Foto Melville Herskovits, 1941. Schomburg Center, NYPL)

que tinha de discordar, ou mesmo de colocar proposta, era um "deus nos acuda". Rodava e rodava, buscava e rebuscava as palavras corretas, cheias de desculpas, até encontrar uma forma de mostrar que não estava querendo "se mostrar".

Quando o Ogã Romão "pegava" no Rum era o momento de se ouvir os Deuses Jeje. Seu toque embevecia os presentes do barracão até a vizinhança distante, do Engenho Velho de Brotas. O Alto do Sobradinho se fazia mudo ao seu toque. Parecia que tudo parava diante da sinfonia regida por aquele maestro que sabia tudo da regência sagrada para deleite dos Voduns.

Dos seus discípulos, só Amâncio herdou um pouco do seu encanto. Dos de Amâncio, só Jorge e Tico, seus filhos.

A transformação da mata sagrada do Bogum em bairro popular teve muito a ver com "Filhinho", Elísio Plácido da Conceição, filho de Runhó.

Filhinho foi confirmado Ogã para cuidar das áreas externas, entretanto não tinha muita vocação para o trabalho pesado. Já adulto e desempenhando a profissão de pedreiro, não se bastava nesse desempenho e fazia qualquer outra tarefa que não lhe causasse muito esforço físico.

Foi assim que ele começou, permitindo, aqui e ali, que um ou outro candidato a um pedaço de terra se instalasse, mediante, é claro, uma explicação da necessidade. Ele próprio construiu uma casa de dois quartos, onde passou a morar com sua companheira, Cidália do Gantois, hoje Ebame Cidália, com a qual teve quatro filhos, as gêmeas Elísia e Elizete, uma menina chamada Eliana e um menino chamado Roque.

Ora, o processo de permissão, quando notado por Runhó, causou muitas brigas entre ela e Filhinho, no entanto fez com que Runhó vislumbrasse o lado bom do problema.

Alguns anos atrás, os donos da fazenda, da qual fazia parte o Bogum, faziam pressão para o afastamento da comunidade através de aumentos sucessivos das taxas de arrendamento e ameaças de expulsão. Runhó não conseguia mais obter capital suficiente para cobrir a taxas e certamente pressentiu que os donos da fazenda pretendiam transformar as matas em conjuntos residenciais para pessoas de alto poder aquisitivo, deixando de fora os pequenos, os necessitados.

Diante dessa perspectiva, Runhó não pensou duas vezes, começou a retirada dos assentamentos existentes sob as árvores, dessacralizou o espaço e fez vista grossa aos ocupantes que, pouco a pouco, foram preenchendo os espaços com casas populares, casinhas e barracos.

Por último, foram erradicadas as três gameleiras que continham os assentamentos de Lôko e que ficavam à beira da ladeira, do outro lado da rua, bem ao lado da casa-grande. Foram erradicadas pela Prefeitura que necessitava de espaço para asfaltar a ladeira que era, até então, um caminho estreito de barro e raízes. Passou a ser o acesso maior para a Avenida Cardeal da Silva. Nesse dia, toda a comunidade chorou.

Dessa forma, surgiu o Engenho Velho da Federação e, numa justa homenagem a quem lhe permitiu nascer, hoje se vê no Largo do Bogum, onde antes se jogava futebol, um busto erguido daquela que dá nome à Praça Mãe Runhó.

Piriguy

Piriguy, um Elegbá tradicional, estava assentado num coqueiro em frente à casa-grande logo depois da cajazeira maior. Os galhos da cajazeira, muitas vezes, entravam em conflito com as palmas do coqueiro, principalmente nos dias de chuva e vento. O coqueiro não era comum no aspecto físico, comparado a outros coqueiros existentes na praia de Amaralina, por exemplo. Era fino e comprido. Parecia frágil demais para suportar o feixe de palmas que se articulava no topo e seguia o fluxo dos ventos num vai e vem cadenciado, pondo em risco a resistência do tronco. Todos que ali passavam se sentiam inseguros, menos a velha Emiliana. Emiliana sempre fazia saudações a Piriguy e dizia a quem quisesse ouvir: "Piriguy toma conta e dá conta". E explicava: "Piriguy é um Legbá especial e antigo, cuja missão é tomar conta, vigiar as porteiras e não permitir falta de respeito de quem quer que seja".

De fato, muitos exemplos se podiam ver por quem tivesse a coragem de verificar.

Quando Piriguy se sentia provocado, seu coqueiro se curvava até as palmas alcançarem o chão, durante a noite, e varriam tudo em volta do tronco. Pela manhã, se podia ver tudo varrido em volta e várias porções de lixo, lá no alto, presas nas palmas – papéis, pedaços de pano velhos e outras coisas que antes estavam no chão.

Certa vez, um casal de namorados, sem saber dos "entretantos", sentou-se à sombra do coqueiro e, aos beijos, foi surpreendido com um coco que caiu e quase arrebentou a cabeça do rapaz. O susto foi grande, mas o que fez o casal sair correndo foi a comprovação de que não havia um coco sequer no coqueiro. Nenhum cacho com formação de cocos. Nenhum coco no chão. Comprovado o fato, os dois desceram a ladeira numa corrida desabalada e só foram parar na Linha do Bonde, na Rua Dois de Julho.

Assim era Piriguy: alto, soberbo, fino e deselegante. Mantinha as porteiras sob sua inteira proteção, como uma célula fotoelétrica, atento a tudo e a todos que por volta circulavam.

Um dia, já muito velho e oco, o coqueiro foi desativado. Melhor seria dizer, dessacralizado.

Nessa época, o movimento dos invasores já era grande, foi no tempo de Runhó. Bem em frente à casa-grande, se instalou a venda de "seu" Pedro, bem junto à casa da Ekede Santa. "Seu" Pedro, muito sisudo e medroso, levantou a hipótese de uma provável queda do coqueiro e intimou Runhó a derrubá-lo antes que a catástrofe acontecesse.

Foi um rebuliço muito grande. Consultas aos búzios, consulta aos Voduns e, por fim, ao próprio Piriguy. Ele, por sua vez, já cansado de morar no mesmo lugar, concordou em ser instalado em um lugar mais sensato. Assim, outro coqueiro seria plantado no fundo da casa-grande. Cortaram então o velho coqueiro, com as cerimônias que lhe eram devidas.

Narciza

Eu a conheci no começo dos anos cinquenta. Tinha ela uma aparência suave e convidativa apesar de seus quase duzentos quilos de peso. Seu rosto redondo exibiu um sorriso acolhedor, mostrando duas fileiras de dentes alvos e bem desenhados que mais pareciam dentes de uma adolescente. Narciza já tinha, naquela época, mais de sessenta anos.

Dona Narciza, como todos os meninos a chamavam, interrompeu o sorriso e mandou que eu sentasse ao seu lado. Obedeci e fiquei observando a facilidade com que aquela mulher tão gorda trançava os seus próprios cabelos, crespos como os de todos nós, ora desembaraçando-os com um pente preto e grosso, ora fazendo deslizar por entre os dedos pequenos feixes, transformando-os em tranças de três fios enquanto o pente era fincado no pé de outra trança, já feita para impedir que essa saísse do alinhamento.

A sombra da mangueira cobria o pequeno quarto feito de tábuas, onde Narciza morava. O espaço de terra ocupado pelo quarto era menor do que o restante que se estendia à sua frente, esbarrando com a cerca que separava o todo do quintal da casa-grande, da parte que pertencia à casa de Ekede Santa. Era ali, sentados, eu, ela e os outros meninos, que ela desfilava, ante nossos olhos e mediante sua voz de soprano, a história da sua vida, dos seus ancestrais, de lutas e fugas, e do orgulho maior de sua existência – ser bisneta de outra Narcisa, aquela que lutou na Revolta dos Malês, de 1835 e não tinha z no nome.

Foi Narciza quem primeiro colocou na cabeça da gente que negro também era dono de escravos no tempo da escravidão, fato que a gente não conseguia entender. Mas ela insistia e jurava que sua avó ainda fora escrava de certo José de Santana, que tinha mais de cinquenta escravos e também vendia e comprava. Era o negro mais respeitado da Rua das Laranjeiras.

Foram muitas estórias contadas, durante o tempo que Narciza viveu no Bogum. Noutros momentos, ela contava a história do homem negro e do povo Jeje na Bahia, sem se aperceber da importância de suas narrativas para os dias de hoje.

Segundo Narciza, "seu" Inácio, como era conhecido José de Santana, "só gostava de comprar escravas. Mulheres que ele emprenhava e depois batizava os filhos na Igreja Católica e dava o nome dele aos filhos assim concebidos. A família Santana cresceu muito e era uma mistura danada de filhos de seu Inácio".

Os batizados, naquela época, eram comemorados com festas que duravam o dia todo, a partir da igreja, e muitos se faziam acompanhar de cortejo musical até a residência dos pais onde então se cantava e dançava até altas horas. Narciza, que teve como padrinhos os patrões de sua mãe, Teodora, contava que seu batizado durou dois dias de festas, um dia na casa dos padrinhos e outro dia na casa da mãe, perto do Largo do Tanque.

Ninguém sabia cozinhar tão gostoso no Bogum. Somente Narciza era quem entendia de temperos e mais, muito mais truques e substituições de condimentos na falta de alguns. Com um sorriso maroto, com os olhos apertados, e muita sabedoria, recomendava: "Pimentão não é tempero de peixe, nem salsa". E continuava: "Salsa é tempero de carne, no peixe só se usa coentro".

Ela se orgulhava de saber todos os tipos de comida para os Voduns e de como prepará-las. De fato, só Narciza era a pessoa a quem se pedia orientação de como fazer essa ou aquela oferenda.

Dona Áurea, filha de Runhó, que mais tarde iria ser a chefe da comunidade, aprendeu com ela essa especialização. Tal aprendizagem de muito valeu para os desempenhos de Runhó e de Nicinha.

Outra "herança" de Narciza, que durou até o falecimento de Nicinha, foi o maravilhoso Escaldado de Miraguaia.

Um dia, do mesmo modo como apareceu no Bogum (precisava passar uns tempos longe dos filhos, para poder descansar e não queria ficar em Cachoeira), Narciza disse adeus e voltou para casa. Foi embora logo depois que Romana morreu.

Amâncio

Bastou o falecimento de Ogã Romão para a vida de Ogã Amâncio se modificar. Ele que, apesar de já estar há muito tempo respondendo pelas funções de Huntó do Bogum, agora teria que se revestir da responsabilidade de Mehuntó, o trabalho que Romão desempenhava.

Mehuntó é uma das funções mais responsáveis para os homens da hierarquia Jeje-Mahi. Depois da sacerdotisa maior e a Hunsó, é o Mehuntó junto com o Rundevá e o Agbagigan quem responde pelas obrigações de preceitos, nas quais o respeito e a confiabilidade somam pontos importantes. Geralmente, o Mehuntó é de idade avançada e de conduta imaculada.

Agora Amâncio era tudo isso. E com a carência de outros Ogãs providos dos requisitos necessários, acumulou outras funções, com dignidade, durante longo tempo.

Amâncio, filho de Runhó e de Gonçalo, casou com Almerinda, que lhe deu vários filhos. Desses filhos, escaparam com vida os seguintes, em ordem de nascimento: Niceia, Ernani, Domingos, Hélio, Celso e Luzia.

Luzia ainda era criança quando Almerinda deixou Amâncio viúvo. Acostumado com a vida em família, cercado pelos filhos, Amâncio voltou a se casar, desta vez com Antônia, com a qual também teve filhos.

Não bastando se casar de novo, Amâncio também se mudou para o Bogum. Construiu uma casa ao lado da casa-grande, com auxílio do filho Ernani que já estava morando no Rio de Janeiro há vários anos.

Já morando no Bogum, Amâncio se integrou totalmente à vida do Terreiro. Era ele quem cuidada da manutenção da casa-grande e das outras casas dos Voduns. Não ficava uma telha fora do lugar, nem uma rachadura no reboco das casas que Amâncio não se dispusesse a consertar. Seu temperamento era típico de um líder independente. Não pedia favores, nem esperava que alguém fosse fazer. Ele fazia primeiro e depois consentia que alguém o ajudasse. Cuidadoso e preocupado com o seguimento do ritual conforme aprendera, ele anotava todas as informações que julgasse importante para o futuro. Tinha anotado desde as datas de nascimento, batizados, viagens, trabalhos, como informações sobre doenças e remédios de todos familiares até as principais obrigações e rituais religiosos, incluindo as cantigas e saudações. Essas anotações foram muito disputadas após seu falecimento.

Era costume no Bogum não se admitir a presença de homens na roda no Abassá nos momentos de festa. Sempre se cultivou o princípio de que a composição de "rodantes" era exclusivamente de mulheres. Dessa forma, cabia só aos Ogãs o trabalho de fiscalizar o andamento da festa, atender aos convidados e dar segurança ao ritual.

Entretanto, de quando em vez, um convidado do sexo masculino era possuído pelo seu Orixá e entrava na roda. Aí Amâncio se pronunciava.

Do alto de seus sessenta e tantos anos de Huntó, no comando do Rum, atabaque maior da festa sem o qual nada é possível, Amâncio falava: "Pra homem dançar, eu não toco". E descia do Pagodô.

Descia e ia para casa. Era preciso que outro tocador, geralmente um Alabê da própria casa do visitante, assumisse o posto para "dar o Rum" ao ilustre Orixá presente.

Não raro Amâncio se negava a voltar, após o incidente, para continuar a festa. Era preciso que Ekede Santa fosse buscá-lo. E somente Santa, sua tia, tinha esse poder.

Pozeheim

Havia uma comunidade chamada Pozeheim, na ladeira que liga o Alto das Palmeiras à Avenida Vasco da Gama, bem em frente à casa de Ogã Romão, do lado oposto. Era o pessoal que cultuava Voduns e Ancestrais, muito parecido com o culto aos Eguns.

No Bogum, os ancestrais não são cultuados na forma dos chamados Terreiros de Babá Egun. Os ancestrais são ali conservados de forma respeitosa e fiel, mas sem evocações. Aliás, os Eguns são considerados intocáveis e até o falar neles já é considerado falta de respeito. Somente nas ocasiões especiais é que se adentra a casa de Kutitó, para cerimônias. E mulher não entra, nem fica perto.

Por essas diferenças verificava-se certa reserva no relacionamento do Bogum com o Pozeheim. O pessoal de Pozeheim frequentava ou visitava o Bogum nas ocasiões de festas, entretanto era raro o pessoal do Bogum visitar as festas no Pozeheim. Existia uma atmosfera de medo que cobria o ambiente do Pozeheim. Quem passava pela ladeira em que se localizava o Pozeheim se impressionava com a figura de duas colunas feitas de pedras emoldurando a entrada da Casa, bem altas e pretas, que se escondia dentro de vários arbustos com várias árvores em volta. Uma dessas árvores, que era uma mangueira, abrigava o assentamento de Averequete, o responsável e figura maior do Terreiro. No Bogum, Averequete tem outra interpretação.

Não obstante essas diferenças, o pessoal vivia um clima de satisfação e respeito entre si. Fora dos rituais, todos se visitavam e compartilhavam das frutas e do espaço do Bogum. Talvez por causa disso foi que Tomázia, uma ilustre filha de Oxum, saiu do Pozeheim para fazer sua iniciação no Bogum.

A mãe de Tomázia, Mariazinha, era uma das Tobossi dali, junto à sua irmã Regina, tia de Tomázia.

Tomázia era de estatura pequena e de um gênio muito forte. Não levava desaforo para casa desde criança. Brincou muito na Roça de Ogã Romão e descia, muitas vezes, pela mata sagrada até a ladeira do Bogum. Numa dessas corridas, saindo do Pozeheim, onde se encontrava Mariazinha sua mãe, voltou diferente.

Ao chegar ao Pozeheim, de volta, todos notaram que havia mais do que Tomázia naquele corpo pequeno e ainda adolescente. Fizeram a acolhida e tudo o que precisava ser feito e confirmou-se o que se suspeitava: era Oxum. Uma Oxum do Bogum. Uma Oxum da linha Mahi, que deveria ser assentada no Bogum.

As duas partes se entenderam: do lado do Bogum, Emiliana ficou à espera do consentimento de Mariazinha e do pessoal responsável pelo Pozeheim. Ali, todos se alegraram com o fato e levaram Tomázia, com festa, para os braços de Emiliana.

Emiliana já tinha um Barco em formação na época, do qual já se garantia a presença da Dofona e da Dofonitinha. Assim, Tomázia embarcou como a Fomo do ano de 1940 ao qual se juntou Nicinha, Gamo, de Lôko.

A jaqueira de Nanã

A jaqueira ainda estava de pé ao lado da casa de Kutitó até o ano 2010. No passado, a jaqueira era baixa, vistosa e dotada de folhas novas e viçosas. O tronco liso e bordado de verde-cana e marrom-escuro parecia o corpo de Dan. Botava jacas o ano todo – "jaca mole" – com um sabor delicioso cheio de mel, mel de jaca.

Entretanto, havia um mistério que envolvia a jaqueira e deixava muita gente boquiaberta. Ninguém conseguia subir no seu tronco e chegar aos galhos donde brotavam e cresciam os frutos. Todos que tentavam, despencavam misteriosamente lá de cima e aterrissavam no chão. Um chão cheio de folhas que amorteciam o tombo.

Já falamos que a jaqueira não era tão alta na época.

Emiliana, a velha Emiliana, não tomava conhecimento das queixas daqueles que, vítimas dos tombos, buscavam explicações. Resmungava baixinho:

– Nanã tá muito velha para 'guentar' marmanjo nas costas – e completava:

– A jaqueira é de Nanã.

Durante muitos anos, tempo que duraram os mandatos de Emiliana, Romana e Runhó, a árvore em questão foi dedicada a Nanã, muito embora ali não houvesse nenhum assentamento.

Um dia, Francisquinho, Abílio e Vezinho, três adolescentes que mais tarde viriam a ser três Ogãs respeitados nos lugares onde se praticava a religião afrodescendente, tentaram se apoderar das jacas da jaqueira de Nanã e armaram cordas passadas pelos galhos como forma de garantir firmeza e não caírem. Não se sabe como nem de onde, surgiram abelhas de todos os lados que, com ferroadas, obrigaram os três a se atirarem no chão. Francisquinho ficou preso, dependurado nas cordas que ele mesmo amarrou nos galhos. Correram, aos gritos, Abílio e Vezinho. Muito tempo depois, voltaram com socorro no intuito de buscar Francisquinho e o encontraram já desembaraçado, comendo uma jaca que caíra ao seu lado. E nem sinal de abelhas.

Era assim a jaqueira de Nanã. Cheia de mistérios e de pose. Vaidosa e pudica. A gente fazia reverências quando passava por perto. Até a dona Narciza, que era respeitada pelos Voduns, se curvava diante daquela árvore bonita e acolhedora. Acolhedora sim, pois, mesmo com as condições que eram impostas para se gozar de sua intimidade, ela oferecia uma agradável figura

Martinha de Azonsú, Nicinha de Lôko, Ekede Santa de Nanã e Tomázia de Oxum
(Foto Melville Herskovits, 1941. Schomburg Center, NYPL)

de acolhimento. Não era sensação de acolhimento. Era tudo de acolhimento. A gente se sentia bem sob sua sombra.

Bem e protegido.

Foi na gestão de Nicinha que a jaqueira começou a perder sua nobreza.

Influenciada por algumas pessoas, a Doné permitiu que, junto à jaqueira, se construísse uma casa para assentamento de Elegbás.

A cultura de "escravos", denominação Nagô para definir quem acompanha o Orixá de quem, não é própria da religião Jeje-Mahi.

Com a construção da tal casa, se fez hábito passar várias pessoas, materiais de construção e tantas outras coisas que não combinavam com o ambiente de paz tão comum ao lugar, em volta da jaqueira. Perdeu-se até o hábito de saudar Nanã.

Talvez por causa disso, numa certa manhã de domingo, a jaqueira pegou fogo.

Não se sabe como, mas se supõe que uma vela acendida por sabe-se lá quem, acabou por provocar a queima do entrecasco da árvore. Foi um incêndio impressionante. Por fora do tronco, tudo parecia normal, salvo por se perceber uns fiozinhos de fumaça. Mas, por baixo da casca que envolve o tronco mesmo, o fogo estava aceso e subia para os galhos mais altos. Foi preciso se jogar muita água com o auxílio dos bombeiros.

A jaqueira escapou, mas nunca mais foi a mesma. Sem espaço nas laterais, subiu acima dos telhados, sem harmonia e sem elegância. E ninguém se lembra mais daquela jaqueira, de Nanã.

"Nanã está muito velha para suportar tanto desaforo".

A Mangueira de Oxóssi

Não se sabe bem porque aquela mangueira foi dita de Oxóssi. Oxóssi não era uma figura de primeiro escalão no panteão Jeje-Mahi. Com muito esforço, ela, a mangueira, deveria ser de Agué, pois como protetor e representante das matas e florestas e de tudo o que ela encerra se poderia incluir aí o Caçador.

Mas a mangueira era de Oxóssi e, pronto, está falado. Botava umas mangas miúdas e azedas que faziam dó. E como a mangueira era alta, o que provava seus centos e tantos anos de existência, as mangas que caíam de maduras se espatifavam, não deixando possibilidade de serem aproveitadas. Manga verde não caía, mesmo que ventasse forte.

Numa noite, de junho, o Bogum estivera em festa. Estávamos recolhidos após os rituais secretos em louvor a Lissá, pois aquela era a noite do dia do Divino Espírito Santo e o sincretismo ainda era muito significativo, quando sentimos que algo estava ocorrendo fora do nosso controle. O ar estava leve, sem brisa, sem movimento. Do lado de fora, tudo estava silencioso. Podia-se ouvir o caminhar das lagartixas na parede em busca de mosquitos. Nem os grilos faziam mais zumbidos.

Ficamos todos sentados à mesa que ficava na cozinha e figurava como o lugar mais seguro da casa. Seguro no que se refere ao amparo que estávamos buscando, frente a não se saber o que estaria para acontecer. Todos se entreolhavam, buscando, no olhar do outro, uma resposta. Mas ninguém estava com medo.

De repente, aconteceu. Da mangueira lá da esquina, começou a cair mangas. Mangas em profusão. Mangas e mais mangas.

O barulho da queda de cada uma se confundia com o espocar de foguetes ao longe. Eram muitos foguetes e muitas mangas, mangas da mangueira de Oxóssi.

Os foguetes que se ouviram ao longe foram os foguetes em homenagem a Odé Caiodé – Stella de Oxóssi que, no momento, fazia obrigações atinentes ao cargo de Mãe Maior do Ilê Axé Opó Afonjá, confirmado cerca de dois anos antes.

Acreditamos que aquela foi a celebração do Bogum diante de um dos maiores acontecimentos na sociedade afro religiosa de Salvador.

Nicinha – Gamo Lokossi

Maria Evangelista dos Anjos Melo, nascida de Maria Valentina dos Anjos e de Gonçalo Alpiniano de Melo, passou a chamar-se Evangelista dos Anjos Costa ao casar-se com Casemiro Argolo Costa. Do casal, nasceu Edvaldo dos Anjos Costa que seria, no futuro, o Rundevá do Bogum.

Dos anos de adolescência, vividos na saia da mãe e das correrias com a irmã Áurea, Nicinha, como era chamada, estava sempre rindo e sem inibições.

Foi no Tororó, na casa de Ekede Santa, que Nicinha apresentou os primeiros "sintomas" da sua herança religiosa.

Sua mãe, Runhó, já estava separada de Gonçalo. Runhó, Vodunsi do Bogum, achava que Nicinha tinha heranças da parte de Jeje, mas Gonçalo, seu pai, discutia que ela deveria ser iniciada na linha de Angola, uma vez que ele era um dos maiores e mais importante Táta de Inquice da Bahia.

– Ela é de Tempo – dizia Gonçalo.
– Essa menina é de Lôko – dizia Emiliana.
– Deixe minha filha fora disso – dizia Runhó.

A etapa pré-iniciática de Nicinha não foi nada romântica. Ela sofreu muito até se convencer de que sua iniciação era um fato inadiável. Muitas vezes, Santa despertou de sua sesta para acudir Nicinha, na sua casa, quando das manifestações de seu encantado.

O que amenizava os "vexames" pelos quais Nicinha era submetida era o seu senso de humor. Quando ela despertava, sempre encarava o fato como algo hilário e sem importância.

Um dia, ela rodou no Abassá e não voltou para casa. Passou a chamar-se Gamo Lokossi.

Em janeiro de 1978, Nicinha teve que assumir o posto maior do Bogum. Runhó havia partido e era o momento de substituí-la ou ocupar o lugar de direito.

Depois que Casemiro morreu, Nicinha viveu uma viuvez sombria e sem fatos relevantes. Foi o período que ela usou para se dar aos mistérios da religião e da aprendizagem. Muitos anos depois, ela se encantou com a simpatia de um namorado chamado Edmundo e foram morar juntos. O resultado foi o nascimento de Amilton, a quem ela chamava carinhosamente de

Maria Evangelista dos Anjos Melo, Nicinha, Gamo Lokossi
(Foto Melville Herskovits, 1941. Schomburg Center, NYPL)

"meu Kundungo". O ajuntamento com Edmundo durou pouco e ela voltou aos mistérios dos Voduns, dessa vez para não mais se afastar.

Agora tudo era festa. O Bogum iria fazer o ritual de posse de Nicinha de Lôko.

Novamente a casa-grande se encheu de curiosos, todos na expectativa de apreciar o ritual. Os mais entendidos e tradicionais estavam sentados na primeira fila e sem curiosidades, pois já entendedores dos mistérios da religião, aguardavam com orgulho o desenrolar dos fatos.

Aliás, é bom que se diga, desde a iniciação de Nicinha que se provocaram muitos comentários nas altas rodas dos Terreiros de Salvador e de Cachoeira. Os da nação de Keto diziam já existir uma mulher de Lôko no Terreiro de Alaketo. Portanto, não podia haver outra. Os de Cachoeira diziam que o do Alaketo era Iroko, portanto, era diferente. Mais tarde, uma pessoa do Gantois também se apresentava como sendo de Iroko. Enfim, foi uma série de comentários e de interpretações que resultaram no aguçamento da curiosidade até de gente das faculdades de Salvador. Por isso, no dia da posse, não cabiam todos na Casa, convidados e penetras.

Na primeira saída como iniciante, Nicinha, precedida de Ekede Santa e Vicente do Matatú, deslumbrou a todos. Havia uma energia no ar que tranquilizava a todos e tudo. Muitos presentes não puderam disfarçar as lágrimas escorrendo rosto abaixo. Lágrimas de fé, de admiração, de respeito e de entusiasmo. Parecia que não havia nada mais para ser visto. Nada depois de tão brilhante apresentação.

Depois, vieram as outras saídas e as cerimônias que completavam o ritual. O dia quase amanhecia e o salão ainda estava com todos nos seus lugares, embalados pelo encantamento dos Voduns da Casa e de tantas outras entidades que se fizeram descer à Terra para reverenciar Gamo Lokossi.

Foi assim que Nicinha passou de Nicinha para Doné Nicinha.

Durante dezesseis anos, Gamo Lokossi dirigiu os destinos de Zoogodô Bogum Malê Rundô. Não se pode afirmar quais os planos que ela, de antes, havia pretendido executar, mas muito se presenciou de sua administração branda e alegre. Alegre o suficiente e branda até demais.

Se Emiliana é lembrada por sua segurança e austeridade, Nicinha pode ser lembrada pela sua figura alegre e sem muita questão de ser austera. Facilitou muitas mudanças e deu corda a muita gente que, em se tratando de gente como a gente, não merecia ser chamada à responsabilidade, segundo sua concepção. Assim, alguns hábitos novos foram incorporados à doutrina da Casa e alguns velhos foram deixados de lado por força de exigências de alguns modernistas vindos de outras culturas que, embora parecidas, não eram iguais.

Entretanto, a essência permaneceu. No que pese haver-se permitido algumas fugas de informações preciosas para outros locais de culto, o essencial ficou imaculado.

As reformas no âmbito da construção civil no Bogum foram a grande marca da administração de Nicinha. Graças à sua figura simpática e cativante, ela conseguiu o apoio de figuras importantes nas diversas esferas do Estado e do Município que, em várias ocasiões, lhe deram apoio para as obras que a casa necessitou. As ideias e a coordenação segura da Doné deram um novo visual e praticidade ao que antes era o barracão.

Assombrações

Certa vez, foi ainda no tempo de Nicinha, todos nós ficamos apavorados. Dentro de casa, algumas coisas passaram a voar, literalmente, de um lado para outro.

Tudo começou após a recepção de certa senhora vinda de São Luís do Maranhão. Ela chegou com recomendações para ser atendida no que dizia respeito à sua iniciação, já ocorrida no Maranhão, pois, diziam, alguma coisa faltava fazer.

Depois das apresentações de praxe, saudações e rituais, ela e sua filha, que, além de jovem era linda, foram acomodadas no quarto das Ekedes, com suas bagagens.

Passados alguns dias, a coisa começou. Estavam todos reunidos para jantar em volta da mesa na cozinha quando se ouviu um baque no armário das louças. Correram para salvar o que restou e ficaram surpresos. Nada havia se quebrado, exceto um quadro com moldura de madeira envernizada que trazia a pintura de Santa Bárbara. O que espantou a todos foi o fato de que aquele quadro estava antes dentro do quarto das Ekedes, na parede, bem junto ao salão maior, a vários metros de distância. Como fora parar ali?

Daí em diante, uma sucessão de incidentes parecidos se instalou na comunidade. Pedras que estavam no quintal caíam no meio da sala. Facas, garfos e colheres subitamente se deslocavam da cozinha e voavam para o barracão. Era uma situação nova e incômoda para os que permaneciam dentro das instalações.

Numa noite daquelas, o Ogã Celestino, um bravo colaborador, sargento do exército, muito ativo além de corajoso, se colocou de guarda na porta dos fundos da cozinha e ficou de pé, com revólver e tudo. Para ele, tudo aquilo não passava de brincadeira de mau gosto de algum moleque. Inclusive aquelas pedras do quintal só poderiam aparecer no barracão por obra e safadeza de algum sem vergonha.

Celestino, no seu posto, com os olhos atentos para a escuridão e sentidos aguçados, se cansou de estar tanto tempo de pé. Se encostou à parede para descansar e ouviu um barulho no ar. O barulho de algo que vinha zunindo no ar, se aproximando, e depois, o choque na parede atrás dele.

Uma pedra enorme o atingiu pelas costas, saída de dentro de casa e atravessando a parede.

Não havia ninguém por perto. Nenhum vulto na escuridão, tudo quieto e parado. Nosso herói correu para dentro e, pálido, falou que não queria acreditar, mas acreditava. E acrescentou que não sairia mais para ver coisa alguma.

A partir dali, se reuniu o primeiro escalão religioso e se tomaram as providências cabíveis. Determinou-se o que deveria ser feito e, uma vez tudo realizado, as coisas voltaram ao normal.

Demorou um pouco para que se voltasse a andar pelo quintal à noite e a se desfazer o dormitório coletivo que havia sido instalado no quarto da Doné para abrigar os "corajosos" durante as noites de crise. Quanto àquela senhora chegada de São Luís do Maranhão, despediu-se e foi para o Rio de Janeiro com suas bagagens e filha.

Lalá

Lalá era baixinha, de pele clara, quase gorda, quase vesga e não gostava de pentear os cabelos quase amarelos. O braço direito era dobrado como querendo coçar o umbigo e nunca se desdobrava. Entretanto, era uma figura querida de todos na comunidade.

Lalá era querida pela sua coragem e pelo senso de colaboração que lhe era peculiar. Ela jamais se negara a fazer um favor ou a cumprir uma determinação que partisse de alguém da comunidade. Assim, ela vivia para cima e para baixo, sempre a mando de quem quer que mandasse.

Lalá não dispunha de tempo livre para pensar nela mesma. Por isso, repetia os mesmos vestidos, cortados e costurados pelas pessoas que zelavam pela sua figura, geralmente as Ekedes e os familiares do Terreiro, por ser filha do Ogã Salú. Morava com o pai em casa própria que ficava na esquina da ladeira da Fonte da Vovó, que hoje dá acesso ao Conjunto Residencial Vila Madalena. Nas festas, que quase sempre aconteciam nos domingos à tarde, ela aparecia de cabelo arrumado e se animava mais do que todos. A presença dos Voduns no barracão, o toque dos atabaques, os cantos, os encantos, tudo era fascinante para ela que, apesar de se fartar de tanto entusiasmo, não podia bater palmas; suas mãos não se tocavam na posição de aplauso. Mas seu sorriso, sua aprovação fugida dos olhos para o barracão adentro, passava por toda a beleza encantada da festa.

Um dia, pediram a Lalá que fosse comprar uma lata de carvão para o fogareiro pequeno da cozinha. O carvão era vendido na venda de Tutu, distante uns cinquenta metros do Terreiro.

Duas horas e uns quebrados depois, quando todos já se reuniam para formar equipes de busca, Lalá despontou na esquina visivelmente cansada e nervosa. Diante de tantas perguntas e choros, ela explicou:

– Tutu não tinha carvão; eu fui procurando, desci a ladeira, fui à Vila América, não tinha, fui procurando e só achei na Sete Portas.

Noutra vez, pediram para ela buscar uma cabrita que estava amarrada num pé de goiaba bem no lugar onde se fez a casa de Filhinho e de Cidália, e hoje é local de morada de um orelhão (telefone público). Muito tempo depois, já se haviam esquecido do pedido, quando Lalá entrou pela cozinha adentro toda descabelada, carregando a cabrita nos ombros. Para os que ficaram surpresos, ela justificou:

– A cabra não estava mais amarrada, a corda se soltou e ela desceu a ladeira correndo, eu fui atrás e só consegui cercar ela lá na beira do Dique do Tororó, porque um rapaz me ajudou na labuta – explicou.

Assim foi Lalá, uma figura, um monumento que se criou e viveu com a tradição do Terreiro do Bogum. Em parceria com a singeleza de sua pessoa.

Coisas de Agué e Badé

Uma vez, João, pai de Badessi, andou meio carrancudo e ficou uns tempos sem ir ao Terreiro. Não se sabe bem o que o fez tomar aquela decisão, mas o fato chamou a atenção de Emiliana que mandou chamá-lo e, sem demonstrar qualquer ressentimento, lhe pediu que fosse apanhar umas folhas para uma obrigação de Badé, que se aproximava.

Não lhe disse mais nada, nem quais seriam as folhas.

João era o Ogã a quem todos respeitavam pela sabedoria, dedicação e consciência do sagrado e dos segredos – também sabia tudo sobre folhas, entretanto não sabia, ou melhor, não atentava para quais as folhas que sinhá Emiliana se referira. Daí se encontrou num dilema: trazer todas as folhas para as diversas obrigações ou voltar e perguntar.

De um lado, Emiliana queria lhe pregar uma lição, do outro, João não queria dar "o braço a torcer".

São palavras do próprio João:

– Eu resolvi não perguntar. Me preparei todo na noite anterior e acordei cedo. Fiz todos os preceitos que tinha que fazer e saí para o mato sem saber que direção tomar. Aí eu me sentei na raiz de um pé de Lôko e pedi a Agué que me orientasse, pois era uma questão de honra. Me levantei e segui em frente. Andei pelo meio das urtigas, tiriricas, cansanção, sem sentir nada. Não tinha nenhuma folha que prestasse para levar. Me sentei de novo, olhei para meus pés e vi que estavam cheios de bolhas, resultado das queimaduras das urtigas. Mas eu não sentia coçar.

De repente, dentro da minha cabeça, ouvi lá dentro uma coisa assim: "Olhe pra cima". Olhei para cima e vi uma luz azul dentro dos galhos de um pé de aroeira, era uma planta brilhando, de folhas miudinhas. Aí eu disse: "É aquela". Cortei com os dedos um punhado daquelas folhas, botei no bolso da calça e voltei.

– É essa mesmo – falou Emiliana quando João, meio encabulado, lhe entregou um punhado de folhas macias e ainda úmidas e quentes.

– Pode deixar aí em cima da mesa que eu já vou preparar.

Aí João, já refeito do susto, perguntou:

– Minha velha, por que vosmicê não me disse que folha era?

Emiliana respondeu, olhando nos olhos dele:

– Eu pensei que você já sabia. Se você foi embora é porque já sabia de tudo.

João entendeu, naquele momento, que fora posto à prova, que Emiliana botou ele no mato para se queimar de urtiga e chegar ao seu limite de credibilidade e fé.

– Voltei para casa e descansei uns minutos, sentado no batente da porta do fundo. Em dado momento, senti uma coceira nas costas, tirei a camisa branca e vi que na parte de trás havia vários cortes no pano, causado pela tiririca lá no mato. Tomei um banho, botei remédio nos arranhões e dormi. Acordei de tarde, comi umas besteiras e fui pro Terreiro. Quando entrei, encontrei sinhá Emiliana me esperando. Ela me pediu a benção e foi dizendo:

– E aquela luz azul, Ogã, se apagou?

Aí eu disse:

– Não sei, não voltei lá para ver não. Como é que vosmicê sabe da luz?

Ela deu um muxoxo, levantou a bengala em direção ao céu e respondeu:

– Eu conversei com Badé e pedi para que ele lhe guiasse se você tivesse fé.

João mesmo foi quem terminou de contar o caso dizendo: "daquele dia em diante, sempre que eu tenho uma dúvida, a luz me indica o que eu devo colher".

João deixou a nossa companhia e hoje, certamente, anda às voltas com sinhá Emiliana tentando adivinhar as mensagens dela.

Festa de Azoanoodô

Ocorre-corre costumava se acelerar perto do meio-dia, antes do almoço. Aí já se sentia o brilho da festa, que começaria daqui a pouco em louvor ao Vodum chamado Azoanoodô; aquele que, em sendo responsável pela proteção de todas as frutas existentes nas florestas, naturalmente deve ser reverenciado em um dia próprio, somente seu, através de ritual no qual se ofereçam frutas a todos da comunidade e a convidados de outras.

No Bogum, esse dia é o dia seis de janeiro. O ritual foi que mudou.

Runhó dizia: "Azoanoodô é menino e não deve dormir tarde da noite". E continuava, depois de um breve suspiro:

– Azoanoodô é da família de Azoano. Por isso que sua árvore é cheia de espinhos e não dá frutas para comer. Ele mora lá e fica triste por causa disso. Aí ele foi escolhido por Azoano para ser encarregado das frutas, das colheitas, das safras, de tudo que brota das árvores que nascem da terra.

– Azoano é o dono da terra. Seu filho, Azoanoodô, é dono das frutas que nascem das árvores.

Dias antes do dia seis, o quadro da festa já era delineado pelo recebimento de doações dos Ogãs e das Ekedes, dos simpatizantes e das sacerdotisas. Eram doações de frutas de todas as qualidades encontradas em Salvador e no interior. O pessoal de Cachoeira mandava o costumeiro balaio de cajus.

Até bem pouco tempo, Iya Cleuza do Gantois continuava o costume de Iya Menininha e, pela manhã, bem cedo, ela pessoalmente entregava um cesto de frutas a quem de direito.

O quadro se completava com a limpeza da área em volta da árvore sagrada de Azoanoodô, na qual se colocava um enorme Ojá.

Quando davam quatro horas da tarde, a emoção da espera era compensada pela beleza da saída das oferendas, do barracão para o lugar da árvore. O cortejo das iniciadas em direção ao local indicado era precedido pela Ekede mais velha portando a bandeja mais bonita, com as frutas mais nobres. Todos os outros que a seguiam carregavam mais frutas, todas já sacralizadas pela Doné. O ritual de sacralização das frutas era feito no Pejí, antes do cortejo e era um ritual fechado no qual poucos podiam entrar. Durante a sacralização, dentre outros preceitos que não cabe divulgar, é que se sentia a verdadeira finalidade da festa, ou seja: agradecer a Azoanoodô pela colheita do ano que passou e solicitar melhores colheitas ainda para o ano que se iniciava.

Quando o cortejo chegava à árvore, já encontrava, lá sentada, a Doné, que dirigia o ritual de apresentação e oferta das frutas a Azoanoodô e a distribuição às pessoas presentes. Tudo era acompanhado pelo toque de um só atabaque, em ritmo lento e sem algazarras. Os outros dois atabaques permaneciam no barracão. Emiliana nunca permitia a saída dos três atabaques, juntos, para fora da casa. Mesmo para o quintal quando se fazia algum ritual. Ela dizia:

– Os quatro pés direitos da casa são os atabaques e o Gan. Se sair tudo, a casa cai.

Antes do sol se pôr, encerrada a distribuição, todos voltavam para o barracão. Ali se fazia reverência aos outros Voduns com toques e cantigas próprias para cada um, por pouco tempo, de modo que, por volta de sete horas da noite, todos se haviam sentido satisfeitos e se despediam em conjunto, sorrindo e abraçando, com gestos, as pessoas, tanto as que sorriam como as que choravam, e retribuíam-se, também com gestos, os abraços ao som do ritmo da Avaninha bem tocada, ao estilo da época, antes do estilo "Olodum".

A Festa de Agué

As folhas eram colhidas bem antes do cerimonial. Quem se dedicava à tarefa da colheita, por assim dizer, era o Ogã João, iniciado e treinado para o cargo que era um dos mais importantes dentro da hierarquia Jeje-Mahi; bem diria, muito mais tarde, dona Runhó:

– Sem folhas, sem mato, sem rios, sem fontes, a religião desaparece.

Era a festa de Agué; o dono das folhas, aquele que se empenha em guarnecer os bosques, cuidar dos arbustos e das plantas medicinais. Foi Mawu-Lissá quem determinou que assim fosse. Por esses entretantos, no dia da festa do citado Vodum, tudo fazia lembrar um bosque, um jardim, uma varanda com cestas de samambaias, enfim, a gente se sentia como um habitante distante das ameaças à fauna e à flora. Nós todos éramos, ao mesmo tempo, gente e flora. No barracão, a gente andava com muito cuidado, pois, após haver sido o mesmo decorado com plantas, ramagens e folhas de árvores, tinha-se a impressão de que, a qualquer momento, iria surgir a personagem da festa "em pessoa" para nos cumprimentar.

A decoração era feita pelas mulheres, os homens só espiavam. As Ekedes, parentas, amigas, somente elas, se dedicavam a enfeitar o barracão para as festas de Agué.

Esse procedimento também era respeitado em todas as outras festas.

Havia uma divisão tradicional de afazeres para homens e para mulheres.

Os espaços eram respeitados e, em todos os rituais, eram visíveis os marcos fincados pela hierarquia religiosa. Os Ogãs mais velhos se encarregavam de realizar os ritos mais importantes, enquanto os mais novos, portanto não credenciados, observavam e se contentavam com a oportunidade de aprender ao vivo, com os fatos se desenrolando. As Ekedes também se comportavam do mesmo modo e ninguém se atrevia a se sobrepor às rotinas determinadas.

Quando caía a tarde, no princípio da noite, depois de realizadas as oferendas em cerimônia privada, a festa começava para todos os convidados e curiosos que lotavam o barracão. Era gente que vinha de vários outros Terreiros e gente que não pertencia àquela religião. Gente da comunidade de Cachoeira, de Santo Amaro, de Muritiba, além, é claro, das principais figuras de cada Terreiro da capital.

Os cânticos eram sempre iniciados pela autoridade maior seguindo a hierarquia, até se chegar ao dono da festa. Nesse momento, todos, de pé, prestavam homenagens a Agué que, portando diversas espécies de folhas já sacralizadas durante o ritual secreto, retribuía as saudações e abençoava os presentes. Depois, dançava majestosamente ao som dos atabaques e das cantigas da nação Jeje até se esgotar o repertório. Aí, cada representante das diferentes nações, entoava uma cantiga para o correspondente a Agué, em seu domínio religioso.

Agué agradecia e dançava sorrindo.

Quando alguém se excedia na quantidade de cantigas, o Huntó Amâncio subia ao Pagodô, tomava a direção dos tocadores e encerrava o ritual, tocando a Avaninha de recolher e cantando a respectiva cantiga, específica. Runhó sorria maliciosamente aprovando a ação do Huntó. Depois, comentava para os outros Ogãs:

– O Huntó tem que ficar atento a tudo que se passa com os Voduns no salão.

E era assim.

Os atabaques

Ogã Romão não era de muito falar. Não fazia nenhum alarde de suas qualidades de Huntó.

Todos sabiam que ele era o mais entendido nos toques para os Voduns do Terreiro do Bogum. Também não saía muito de sua comunidade para tocar em outros Terreiros; mas quando o fazia, todos os Alabês se chegavam para ouvir e aprender os segredos do seu tocar.

– Atabaque não foi feito para apanhar – dizia ele. E completava:

– Tem que ser tocado com carinho e paixão, o som dele é a conversa com o Vodum, a gente tem que saber o que o Vodum quer dançar e ir acompanhando no toque.

Isso era só o que se ouvia dele, quando os outros lhe perguntavam sobre os mistérios dos atabaques. Só isso.

Já o Ogã Amâncio teve mais sorte. Sorte de ter convivido mais proximamente com Romão, durante muitos anos, e, por isso, ter mantido muitas conversas de axé e de toques com ele, visto que Amâncio houvera sido confirmado Ogã Huntó também.

Conversa vai, conversa vem, tantos rituais juntos, tantas obrigações feitas em parceria que acabaram se igualando, mestre e discípulo. Se, em questão de temperamento, eram opostos, pelo lado do conhecer eram iguais e percorriam o mesmo caminho. Conheciam os rituais, as folhas, os toques, as chuvas...

Amâncio falava mais, se entusiasmava no Pagodô, local onde ficam os atabaques, brilhava enquanto tocava e por muito tempo mais, após o ritual. Não fazia segredo do seu tocar.

Tocava e mostrava o que estava tocando para quem possuía o dom de entender os sinais e os sons. Particularmente entrava em transe com a sua música e quando alguém lhe perguntava como fazer o mesmo respondia: "No atabaque, não se bate. Se faz carinho nele para ele ressoar, chamar os Voduns na hora que se quiser e conversar com eles".

Nos tempos de festa, quando a gente se metia a tocar, nos instantes de folga e de brincadeiras entre uma obrigação e outra, ainda crianças, ele explicava, com ares de professor: "Os toques são diferentes para cada atabaque. O Lé e o Humpí não tocam igual. O Lé é a base. O Humpí repica e o Hum faz o contato com o Vodum. É ele quem chama o Vodum".

Essa harmonia, assim falada, ficava evidente quando, na hora da festa, se juntavam Francisquinho (no Lé), Abílio (no Humpí) e Amâncio (no Hum).

Os sons que aquele trio obtinha dos atabaques encantava a todos quantos tiveram a sorte de ouvi-los. Parecia uma sinfonia previamente ensaiada durante longos meses.

Entretanto, era a pura demonstração do conhecimento adquirido com a vivência na comunidade, o gosto e o respeito pela religião. Todos os três se entendiam e se harmonizavam de tal forma que um não deixava que fosse percebido quando o outro dera um "cochilo". Via de regra, quando terminava o ritual, os três se reuniam para os comentários sobre o desempenho de cada um deles, amistosamente e ao som de gargalhadas.

Do mesmo modo que Romão não logrou deixar muitos herdeiros do seu toque, Amâncio também não.

De Romão houve herança, salvo os que não se projetaram. Os mais conhecidos foram: Caboclo Venta de Axé, Amâncio, Antônio Bonfim, Vezinho e Cipriano.

De Amâncio, apesar de tanto haver se esforçado para deixar na família todos herdeiros, só seus filhos Jorge e Tico possuem hoje, de fato e de direito, suas habilidades e conhecimentos de toques. Entretanto outros, não parentes, se podem considerar herdeiros do mestre, tais como: Gaguinho, Cidinho, o próprio Francisquinho e Vavá Boca de Ferramenta. Alguns ainda vivos no momento em que se escreve esta história.

Quanto aos mestres Romão e Amâncio, certamente estão tocando juntos lá no Orum, como diz o povo de Ketu.

A vidência

Muito de alegorias e enfeites sem fundamentos se tem visto hoje em dia nos videntes e "olhadores" da vida de consulentes incautos. Na verdade, a vidência, a clarividência ou o que se possa definir, nas pessoas que viveram no Bogum eram tão simples e naturais que não provocavam as manchetes que hoje se vê nos canais de divulgação de entrevistas e reportagens jornalísticas. Cada um tinha o seu próprio método e as suas premonições.

Emiliana conversava com a natureza. Olhava o futuro através de um copo com água e constatava os indícios vistos ali, caminhando pelo quintal, contando as pedrinhas no chão com sua bengala, de cabeça baixa e resmungando preces e louvações aos Voduns.

Todos os dias, antes de qualquer tarefa ao amanhecer, ela percorria o mesmo caminho e verificava as mudanças ocorridas no chão batido. Através das mudanças observadas, ela planejava as atividades para o resto do dia. Embora ela carregasse um punhado de búzios no bolso da saia, dos quais ela nunca se separava, era muito raro fazer uso deles. Em geral, quando chovia muito ou quando as pernas lhe doíam tanto que inviabilizava sua caminhada era que, no próprio leito, sem plumas e paetês, ela buscava orientação para sua comunidade, jogando os seus búzios numa gamela sobre o colchão.

Emiliana dizia que "os búzios respondem as perguntas que a gente imagina, mas a natureza mostra aquilo que nem imaginamos". E não errava uma previsão.

Runhó era diferente. Ela olhava os mistérios da previsão através das sombras da folhagem das cajazeiras no chão e na forma das nuvens no céu.

Runhó não tinha búzios. Jogava com castanhas de caju, com caroços de feijão, com tampinhas de garrafas, com botões de paletó, com qualquer coisa que estivesse ao alcance das mãos nos momentos de necessidade. Entretanto, seu forte mesmo era a pesquisa ou a interpretação das figuras que se projetavam no chão, das folhas da cajazeira em frente do barracão, nos dias de sol. Não só da cajazeira, por estar sempre ali perto dela, mas de qualquer outra árvore sob a qual ela pudesse se sentar. Era bonito vê-la quieta, pensativa, observando as sombras se deslocarem e assumirem formatos diferentes lhe dando subsídios para as suas previsões. Quando se fazia um céu carregado de nuvens, o ritual era o mesmo; ela passava horas olhando o céu, buscando figuras e movimentos que lhe indicariam respostas para suas questões.

Do mesmo modo que Emiliana, Runhó jamais errava uma previsão.

Outras habilidades que ambas possuíam era a de perceber, só pelo olhar ou pelo sei lá o que, o caráter das pessoas e o quanto se poderia confiar nelas. Era muito frequente Runhó chamar um filho ou uma filha e recomendar cautela no convívio com certo alguém, e pouco depois o motivo da recomendação se fazer evidente. O fulano ou a fulana cometer um deslize. Era sempre assim.

Com Nicinha, já não se pode dizer que havia instrumentos que lhe auxiliassem nas previsões. Ela, só em ouvir a pessoa, já determinava o diagnóstico. Aliás, ela não falava o que havia descoberto; já recomendava o "remédio" ou então descartava o "paciente" para outro especialista. Era tão sensível às irradiações do outro que, de longe, ao ver a pessoa (às vezes pelo buraco da fechadura da porta da frente), ela mandava dizer que não estava.

Nicinha fazia suas previsões com base nas respostas emitidas pelos sons na natureza. O canto de um pássaro, o espocar de um foguete ou um apito fora dos padrões e do momento, fosse de gente ou de animal ou mesmo daquilo que só ela podia ouvir. De vez em quando, nas ocasiões em que ela tivesse dúvidas sobre sua própria conclusão, ela pedia ao Ogã Celestino para conferir nos búzios ou pedia a um amigo de outra comunidade.

Celestino possuía o seu próprio jogo de búzios que carregava numa pasta preta, de couro, por onde quer que andasse e, de vez em quando, se prontificava a "olhar" de como andava as coisas na comunidade. Nesse momento, ele fazia vários bilhetes para os comunitários, recomendando procedimentos os quais eram todos revisados e, às vezes, até desmontados pela Doné.

Nicinha podia ver o que ou quem estivesse às suas costas. Na verdade, Nicinha era cercada de tantos mistérios que a faziam diferente, superior, igual e humilde, que nenhum de nós pôde até hoje definir.

Os exemplos

Desde os primeiros momentos, o Bogum se caracterizou como uma comunidade terreiro sob o regime matriarcal. Quando muito, o poder, em determinado momento, podia ser visto como exercido por elemento do sexo masculino, mas a realidade era outra. Não passava de uma estratégia para fugir às perseguições políticas e policiais. Apresentava-se um encarregado, para se deixar livre a verdadeira responsável pelo destino da comunidade. Nunca se dera a um homem os segredos para o exercício da função maior no Terreiro.

Manoel da Silva fora visto como líder da comunidade do Bogum, mas quem comandava, de fato, era Valentina. Durante muito tempo, se observou a cultura do matriarcado na comunidade.

João Bernardo não somente almejava o comando da sociedade civil em todos os níveis, como também sonhava comandar as atividades religiosas através da eleição de uma servidora sua para o cargo maior. Como se sabe, o dito cujo veio a falecer com pouca idade e, segundo dizem, mas não se sabe ao certo, "ruim da cabeça", como se falava na época.

Filhinho e Celestino ocuparam, cada um ao seu tempo, o lugar de assessor de Runhó e de Nicinha respectivamente.

Por ser mais antigo e filho de Runhó, Filhinho desempenhou a função durante poucos anos até quando desapareceu, ainda no meio de uma vida que se pronunciava auspiciosa.

Depois que Runhó virou Kutitó, Celestino se viu elevado ao cargo que Filhinho ocupara antes.

Durante um bom tempo, já na administração de Doné Nicinha, Celestino desempenhou um importante papel na comunidade. Foi eficiente não só enquanto colaborador na sociedade civil, como na religiosa e na manutenção do patrimônio. Tudo se desenvolveu muito bem até que, sem perceber os riscos, enfartou ainda no vigor de seus sentidos.

Esses acontecimentos nada provam de fato e nem são mostrados como desmerecimentos a nenhum colaborador, enquanto sacerdote.

Ao iniciado, não era permitido desconhecer e desrespeitar a hierarquia vigente na comunidade.

O desaparecimento de um sacerdote da comunidade causa traumas e deixa vazios difíceis de preencher. Por isso, cada sacerdote mais velho se empenhava em cuidar dos mais novos, dando-lhes suporte através de conselhos e exemplos que pudessem servir de orientação. Orientação para enfrentar as tentações e o desvio de conduta. Aqueles sacerdotes sofriam muito quando, às vezes, percebiam que o suporte oferecido não causara o efeito desejado. Isso os obrigava a recomeçar tudo com outro iniciado, de confiança.

Antonio Bonfim e suas lições

Antônio Bonfim era temido e respeitado nos Terreiros que frequentava nos dias de festas. Era uma figura de porte. Alto, forte, com voz de tenor, além de sabedor de muitas cantigas e de tocar muito bem o Rum.

Quando era percebido, ao entrar no barracão já após a festa começada, todos se entreolhavam aos repiques de saudação dos atabaques em sua homenagem. Daí em diante, ele tomava conta da festa. Tirava umas cantigas difíceis e "virava língua" com os Voduns.

Sabia muitas estórias e, se houvesse o que beber, passava horas contando-as para quem as quisesse ouvir.

Para nós, crianças, era um pouco estranho que uma pessoa de pele mais clara do que a nossa pudesse saber tanta coisa sobre a África e os africanos. Foi ele quem falou primeiro para nós sobre a criação do mundo por Mawu-Lissá e sobre as Três Colunas Mágicas que edificaram o Terreiro Jeje do Bogum.

Ele falava com tanta segurança, tratava as figuras sagradas com aquela intimidade de quem havia participado dos fatos, que deixava a todos nós impressionados.

Nas suas narrativas, afirmava que:

– Sogbo, no reino de Uidá, matava os ladrões e poupava os justos. Durante as tempestades, Sogbo usava os raios (SOH) e os trovões para essa tarefa, e por isso é considerado o dono da justiça e pertence à família Setonum, os Voduns do Trovão.

Sogbo tem dois filhos, Agbé e Naeté. E como Agbé representa o lado macho e controla os redemoinhos e as tempestades em terra, fica para Naeté controlar os mesmos fenômenos nas águas, já que representa o lado feminino. É por isso que dizem que Sogbo é macho em nossa cultura e visto como fêmea em outras. Sogbo é meio-irmão de Badé, mas não é irmão de Lôko.

– Lôko também é rei, mas filho de Mawu-Lissá.

Se, por um lado, Dan é da família da dona da casa do Bogum, por outro, é a família dos Kavionos, que possui os títulos de nobreza. Sogbo é o rei da comunidade e os seus parentes são nobres. Todos convivem em perfeita harmonia com os Dans e ainda hospedam os NagôVodum com todas as cerimônias, sem discriminação.

Certamente, hoje, essas colocações são discutíveis em vista dos aprofundamentos dos estudiosos, considerando o tanto que já se pesquisou e falou sobre o assunto nesses setenta e tantos anos, após Antônio Bonfim. Entretanto, causa espanto a sabedoria daquele que não era acadêmico e nem estava interessado em sê-lo.

Ele era, apenas, testemunha dos acontecimentos.

Os preceitos

Um dia, foi no tempo de Runhó, estavam todos na lida para a realização da festa de Bessem. Era um domingo e a festa seguia o calendário das obrigações de praxe para cada ano.

Marcelina, que todos chamavam de Dogã, cuidava apressadamente das oferendas em forma de iguarias e quitutes que deveriam conter os segredos das partes sagradas, pois que, nos bons tempos, rezava-se pela hierarquia e somente uma mulher devidamente sábia, formada e de confiança, era quem cuidava de separar e cozinhar e fazer a composição dos pratos que eram oferecidos aos Voduns; aos homens, nunca foram permitidos os afazeres da cozinha. Amâncio, que acabara de cortar galhos do pé de goiaba, preparava os agdavís que seriam usados logo mais nos atabaques e se concentrava nessa atividade; alheio ao que se passava em volta.

O que se passava em volta não era mais do que o que costumava ser visto nos momentos que antecediam a grande festa realizada nos princípios de cada ano; todos da comunidade estavam empenhados em desenvolver suas tarefas, respeitando o sagrado e se curvando às observações dos mais velhos, num perfeito sincronismo de ações e movimentos que dava gosto ver.

De repente, aconteceu. Vozes em volume acima do normal para a ocasião chamando a atenção para o lado do Rundeme.

As crianças que brincavam nas proximidades estavam de ouvidos e olhos atentos a tudo que podiam ver e ouvir, sabedores de que era dessa forma que aprenderiam os rituais da religião, correram para lá e aumentaram a quantidade de curiosos que, em silêncio e disfarçadamente, tentavam tomar conhecimento do que ocorrera ou estava acontecendo.

Na porta do Rundeme, podia-se ver: do lado de dentro, Fomo (Tomázia) e Gamotinha (Martinha) protestando, do lado de fora, Ogã Filhinho e um convidado seu se desculpando.

Não adiantaram as desculpas. O fato de haver permitido a uma pessoa não iniciada tentar entrar em local não permitido causou ao Ogã, que sabia das normas, uma multa de dois galos.

Aliás, não foram dois galos e sim três galos e três galinhas. Afinal, Tomázia era de Tobossi e Martinha de Azonsú.

Ficaram ali os dois, Filhinho e o convidado, de pé por um longo e cansativo tempo, tendo aos seus pés as duas Vodunsis deitadas de lado lhes impedindo a passagem se é que coragens teriam de se moverem sequer. Finalmente, depois de várias negociações, as Vodunsis aceitaram a proposta de "um galo e uma galinha", entendida após a intervenção de Runhó.

Os espaços sagrados do Bogum eram respeitados e rigorosamente controlados. Não era um controle ostensivo nem policial, era um costume herdado e que dignificava os religiosos. Cabia a cada iniciado explicar aos parentes e convidados de como se comportar, o que podia ser visto, perguntado, olhado, enfim, de que forma se conduzir para não ferir os preceitos implantados na comunidade.

Diva

O vento soprava manso nas folhas da cajazeira em frente à casa de Agoríssi. Debaixo da sombra desse mesmo pé de cajá, brincavam vários meninos, tentando fazer anéis da casca da mesma árvore, furando pedaços retangulares com cacos de vidro e pontas de pregos. Era uma divertida competição entre eles. Quem fizesse o anel de parede mais fina, seria o vencedor. Várias tentativas eram revisadas por cada um até que um deles realizava a proeza. Depois de comparado todos os anéis, o mais bonito, pois deveria ser o mais delicado e mais leve, era declarado o melhor. O campeão faria desse anel uma oferta para a menina mais bonita do Bogum.

O nome dela era Diva. Aliás, Valdiva, o que poucos sabiam.

Diva não era somente a mais bonita. Era a única garota que brincava com os meninos e alimentava o sonho de todos eles. Como era bonito o seu sorriso ao receber o anel vencedor!

Além do sorriso, que era franco, tinha também o beijo que depositava suavemente no anel com o olhar fixo nos olhos de cada dos competidores. Era de derreter qualquer coração de adolescente.

Ela tinha a mesma idade dos meninos, mas como só a natureza pode explicar, era muito mais sabida, esperta, bonita e desenvolvida. Desenvolvida em todos os aspectos e em todas as partes do corpo.

A boca, ah! a boca, era grande carnuda e quando aberta mostrava uma dentadura alva e uniforme que, às vezes, ficava manchada de um vermelho que se movimentava de um lado para outro e confundia os meninos até que eles percebessem que aquilo era a língua dela roçando sobre os dentes.

Diva era o máximo. Era o sonho de todos os meninos em todas as noites.

Nas noites de festa no barracão, ela se destacava. Primeiro, pelo perfume que pairava sobre o seu corpo. Depois, pelo perfil ágil e sensual (ela brincava de pega-ladrão com os meninos, corria, pulava cerca e subia em árvores, tal qual todos os meninos), e juntamente pela voz. Que voz!

Quando Diva cantava no barracão, superava o som os atabaques. Junto a Nenezinha, Iraci e Delza, Diva fazia a festa. E sabia todas as cantigas que se solicitasse.

O ciclo de festas se encerrava e a casa-grande fechava. Ficava o escuro da noite que obrigava os meninos a se recolherem com medo do escuro. De repente, se ouvia uma voz cantando na porta da casa de Agoríssi, onde Diva morava, pois que era afilhada da dita, e, de repente, lá estavam os meninos juntos para proteger a cantora de quaisquer que fossem as ameaças. Só que ela não tinha um pingo de medo. Ao contrário, todos eles não viam a hora de correr para a cama e se proteger sob os lençóis.

No dia seguinte, era uma correria para arranjar papel e escrever uma carta de amor para ela.

Escreviam cópias de cartas de amor das revistas da época e entregavam como se fosse cada qual o autor e único. Aí, ela se sentava na raiz da cajazeira e lia, uma por uma, olhando nos olhos do remetente. Naquelas circunstâncias, só restava a cada um esperar ser, pelo menos, o melhor escritor.

Mas ela não revelava qual. Dessa forma, cada um se considerava vencedor.

Passou o tempo, cada menino seguiu o seu caminho e ela também. Ninguém sabe de ninguém. O certo é que alguns já não vivem. Mas ela, ela nunca deixará de existir na memória de cada menino, hoje homens feitos. Pelo menos até que um de nós, meninos, ainda esteja vivo. Tenho certeza.

As Hunsó

No começo de 1866, após as festas de janeiro no Bogum, Ludovina desceu para Cachoeira, deixando o Terreiro nas mãos de Raquel, que sustentava a função de Hunsó, que, de fato, pertencia a Tiana Jeje. Tiana não deixava a desejar no que se referia aos conhecimentos sobre os preceitos e os rituais dos Voduns. Também conhecia muito da linha de Nagô. Por causa disso, quase não parava no Terreiro. Muita gente solicitava sua presença nas obrigações e festas de outras comunidades. Quando Ludovina foi para Cachoeira, ela também "picou a mula". Voltou, junto a Ludovina em 1871, para ajudar na iniciação de Emiliana. Entretanto, não descaracterizou Raquel, que se afastou por conta própria.

Na segunda vez que Ludovina se foi para Cachoeira, levou Tiana que, daí em diante, se deu a passar tempos em Terreiros amigos. Só voltou ao Bogum para ajudar na iniciação de Runhó, já sob a direção de Valentina em 1911, quando, devido à idade avançada, mal podia andar. Morreu logo depois.

Durante a gestão de Emiliana, quem assumiu a função foi Romana. Fato que gerou polêmicas em Cachoeira. Na verdade, Romana pouco participou enquanto era Hunsó. Na época, havia Vodunsis capazes, como Dadú, Roxinha, Martinha, Runhó; e Ekedes, como Nenezinha, Santa e Raimunda, que desatavam os nós quando era necessário.

Essa máquina, bem azeitada, continuou por longo tempo, inclusive quando Romana passou a titular, após o falecimento de Emiliana.

Com a ascensão de Romana, Runhó se viu na função de Hunsó e também não teve muito trabalho em face à quantidade das pessoas que lhe davam assessoramento. Entretanto, ela teve que enfrentar muitos problemas por causa da animosidade que era alimentada contra ela por parte da ala dissidente que frequentava a comunidade de Cachoeira.

Esse período foi marcado pelo disse me disse, intrigas, Ebó e muita consumição, e só terminou mesmo quando Romana faleceu e Runhó assumiu o cargo maior.

Todos na comunidade já eram sabedores, desde a sua iniciação, de que Nicinha estava predestinada ao cargo de Doné. Era só esperar o momento e a hora. De modo que a escolha dos Voduns para o cargo de Hunsó não podia ser outra. O momento de preparação para o trono era aquele.

Nicinha tomou posse junto a Runhó e desenvolveu sua função sem tomar conhecimento da importância do cargo. Para ela, tudo não passava de um momento alegre e divertido. E assim se comportou até que Runhó partiu para o outro mundo.

Quando Nicinha se encontrou sem a cobertura profissional da mãe foi que se inteirou das responsabilidades, mas, mesmo assim, responsável, fez uma administração alegre e despretensiosa.

Desde a gestão de Nicinha, Dezinha de Oxum desempenha, até o momento atual, a função de Hunsó, tendo sido a primeira mulher de Vodum feminino que ascendeu ao cargo, por merecimento.

Dezinha foi escolhida por unanimidade dos iniciados e total indicação dos Voduns. Entretanto, apesar dos seus conhecimentos, não teve assessores como os que houvera no tempo de Emiliana e de Runhó. Fizeram falta aquelas pessoas que "davam suporte" à Doné e à Hunsó. Nicinha também sentiu muita falta de uma equipe de tradição que lhe assessorasse.

As duas se encontravam sempre sem alternativas tradicionais, a não ser as próprias que tinham. Felizmente, o comportamento espirituoso da Doné junto ao comportamento calmo e comedido da Hunsó, muito se obteve de conservação de um pouco da tradição.

Dorinho

Dorinho era simplesmente espetacular. Também, não era para menos, ele era o marido de Dofona da Vitória, de quem não podemos deixar de falar. Mulher bonita, educada e gentil, tinha um par de olhos grandes e contundentes, porém dóceis quando o olhado era de sua simpatia. Além de tudo isso, era filha de Oxum. Uma das mais bonitas Oxuns que já se viu no Bogum. Dofona era moradora do Corredor da Vitória, onde todos a conheciam por Dona Roxinha. Ali, ela vivia a cuidar diariamente, e com que carinho, das roupas da sua Oxum.

Às vezes, contava com a ajuda das filhas Náudna e Nilza que, apesar de adolescentes, já eram Ekedes. A outra filha, Iracy, se destacava no aprendizado dos rituais e dava total cobertura a Roxinha nas suas obrigações desde quando essa foi iniciada.

Além das roupas de Oxum, Roxinha também cuidava dos arremates das roupas que Dorinho costurava, pois que, instalado na sala da frente, bem equipado, ele exercia a profissão de alfaiate. Alfaiate de uma clientela rica e elegante moradora do bairro mais tradicional da Bahia, a Vitória.

Dorinho trabalhava muito, ganhava muito, sorria muito, bebia muito e tinha muitos amigos. Amigos mesmo.

Dono de uma enorme gargalhada, maior que a própria barriga redonda e saliente, tinha o hábito de saudar a todos e fazer amigos em qualquer situação. Dorinho fazia amigos até nos enterros de estranhos e essa faculdade lhe permitiu construir uma rede de simpatia sem tamanho no Terreiro do Bogum. Ali, todos o admiravam e se deliciavam com a postura daquele que sabia sorrir e fazer brotar o riso nas faces alheias. Sorrindo sempre, ele oferecia outro copo de cerveja e recomendava ao dono da venda, seu Tutu, "é por minha conta".

E as horas se passavam sem que se percebesse o aproximar da noite quando todos deveriam estar perfilados para a abertura da festa.

Nas festas, e não foram poucas, a figura de Dorinho se destacava. Primeiro, pelos mais de cem quilos que parecia ter, depois, pelo porte elegante e viril que se apresentava, equilibrado entre outros Ogãs e convidados, atento e sério, ou sério e atento, às nuances do ritual por inteiro. Era useiro e vezeiro em sacar uma cédula de sei lá quantos cruzeiros e, após fazê-la circular sobre a cabeça da Vodunsi, caminhar e depositar a mesma aos pés dos atabaques. Fazia aquilo com naturalidade e contrição no que era seguido por outros também crédulos e simpatizantes.

Essa ação era repetida com firmeza enquanto Oxum não dançava. Quando Oxum de Roxinha chegava e voltava ao barracão, vestida de ouro e brilhantes, Dorinho chorava. Era um choro de orgulho e cheio de admiração. Um choro justo e merecido que desmontava aquele perfil de dominador e de guerreiro, e que ele não fazia questão de disfarçar. Ao contrário, sacava um lenço alvo e bem passado do bolso do paletó branco e, sem cerimônias, enxugava as lágrimas diante de todos.

A Casa das Dans

As cobras sempre foram presenças constantes no Terreiro. Fosse no quintal, fosse no barracão, fosse na sala de jantar ou na cozinha; em qualquer lugar onde se pudesse permanecer atento, imóvel e em silêncio por um breve espaço de tempo era possível perceber uma rodilha cinzenta e roliça se desenrolando vagarosamente ou mesmo se arrastando suavemente por sobre os tijolos nus, sem reboco, que davam sustentação às paredes feitas de adobe pelo Ogã Amâncio. Muitas vezes, quando no jantar, as pessoas percebiam uma terrinha caindo sobre a mesa nem era preciso olhar para cima a fim de se certificar: eram cobras que desfilavam por entre os caibros que sustentavam as telhas já velhas e caiadas de novo.

A velha Emiliana dizia que a casa, sendo de Dan, era justo que as Dans ali habitassem e fizessem dali seus espaços de recreação. A ninguém era permitido espantá-las. A bem da verdade, elas nunca fizeram nenhum ataque a quem quer que fosse.

Por causa disso, todos estavam acostumados com aquela convivência. Isto é, quase todos. Havia os que sentiam medo e não se arriscavam a andar sozinhos pelos corredores nem sair à noite além da porta da cozinha que dava para o quintal. Ir ao "quarto do santo", lá fora, junto ao pé de Lôko, nem pensar. Esses sempre eram alvos de brincadeiras pelos outros em face da falta de fé, ou pouca credibilidade.

Uma das pessoas que morriam de medo das cobras era Filhinho, ao contrário de Amâncio, seu irmão de sangue, ambos filhos de Runhó. Um dia, estiveram os dois preparando o terreno em volta da árvore de Lôko para as oferendas que se realizariam na madrugada do dia seguinte e, como sempre, ali muitas pessoas iriam se reunir, envolvidas na cerimônia, inclusive dona Runhó, pois era quem comandava o Terreiro à época. Lá pelas tantas, ambos cansados da labuta no cabo das enxadas, se sentaram para descansar.

Amâncio, mais velho e mais cauteloso, escolheu um canto sombreado, dobrou uma esteira de palha e fez de travesseiro. Logo adormeceu. Filhinho, mais comodista, para não dizer preguiçoso, se sentou numa das raízes da gameleira de Lôko bem próxima ao tronco e descansou a cabeça no mesmo tronco. Logo, logo, também pegou no sono.

A tarde mansamente se despedia ao som dos cantos das cigarras, ao tempo em que as pessoas do barracão deram por conta da ausência dos dois Ogãs e foram em busca de notícias.

Encontraram Amâncio, que já havia despertado, e Filhinho, que dormia tranquilamente com a cabeça repousada em uma rodilha cinza-escuro que se inflava e esvaziava devagar e pausadamente no mesmo ritmo da respiração do dorminhoco. Era uma cobra, gorda e velha. Velha conhecida dos entendidos.

Chamaram Runhó, chamaram Agoríssi, que morava numa casa perto donde acontecia o fato, chamaram todos os entendidos, inclusive os medrosos. Esses ficaram a distância, juntos e desconfiados.

Nisso, Filhinho despertou e não entendeu o que estava acontecendo à sua volta. De frente, Runhó se encontrava fixa, imóvel, olhando para a cabeça dele e resmungando palavras que não dava para entender, mas que certamente eram uma oração. Filhinho levantou-se sem dar importância ao fato e caminhou em direção àquela que ele chamava de Nió; e esta, pálida e quase sem voz, lhe apontou a raiz onde ele dormia. O corajoso voltou-se, encarou a serpente que se desenrolava preguiçosamente e cuja metade já havia desaparecido no pé de nativo. Olhou para sua mãe, Runhó, tentou dizer alguma coisa e desmaiou.

Sogbo – o cirurgião

Aconteceu lá pelos anos 40, logo após o fim da Segunda Guerra Mundial. Runhó – Maria Valentina dos Anjos – ainda era somente Sogbossi, filha de Sogbo e se queixava de fortes dores no baixo ventre. Nessa época, Runhó vivia de ganho em lavagem de roupas e, sem os benefícios tecnológicos que hoje temos, carregava muito peso. Eram muitas viagens de ida e volta à fonte, carregando uma bacia feita de flandres com o fundo de madeira que, quando molhada pelas roupas arrumadas ainda úmidas, pesavam, em conjunto, mais de cinquenta quilos.

Runhó acordava cedo e já com o despontar do sol se encontrava descendo a ladeira da fonte, carregando uma bacia com roupas sujas, uma cesta com mais roupas sujas, balde, sabão, anil, e fumo de corda. Carregava a bacia equilibrada na cabeça com maestria a fim de descer, degrau por degrau, o caminho entre as folhas de urtiga que, de vez em quando, lhe queimavam as pernas, ao que ela imediatamente esfregava fumo de corda, mascado por ela mesma, no local atingido. Assim ela pagava as despesas geradas pelos filhos e por ela mesma. Aquela forma de vida seria responsável pelas dores que se pronunciavam cada vez mais fortes.

Um dia, a situação se tornou insuportável e todos os que viviam em volta de D. Valentina, Runhó no Terreiro, aconselharam-na a consultar um médico. O médico consultado foi o Dr. Bião de Cerqueira que, na época, além de ser patrão de D. Áurea, filha de Runhó, era quem atendia quase toda a população de Amaralina, Pituba e adjacências.

Fizeram diversos exames de laboratório e de raios X, pois não se usava ainda serviços maravilhosos ultrassonográficos e similares. Esse corre-corre fez com que Runhó se dispusesse a usar um vestido de modelo quase justo com babados na gola e rendas nas mangas três quartos. Ela, que só se tinha mostrado usando saias de baiana, ficou bem diferente com uma roupa diferente.

Num dia determinado, os exames ficaram prontos e o Dr. Bião foi pessoalmente à casa de Runhó para revelar os resultados. Parou o automóvel, um Plymouth placa nº. 161, e se reuniu com os adultos presentes: Runhó, Áurea e Filhinho.

A revelação, se não causou espanto também não causou conforto. Na realidade, ninguém entendeu mesmo o que era "útero miomatoso". Dr. Bião continuou explicando o fenômeno e decidiu que iria providenciar o internamento de Runhó no Hospital Santa Isabel para uma intervenção cirúrgica. Despediu-se, deixando todos preocupados. Afinal, dizia Áurea: "Não sabemos se vai dar certo". Filhinho se lamentava, argumentando que fazer operação, mexer com as tripas era coisa que sempre dava problemas. Foi aí que Sogbo chegou.

Depois das providências de praxe, Sogbo, no corpo de Runhó, falou de forma suave: "Não precisa ficar triste não, minha gente. Digam à minha filha que vou fazer a coisa que o homem de branco falou. Ele vai ver!".

Ekede Santa, irmã de Valentina, se encarregou de falar com a velha Emiliana. Ela determinou as oferendas, os banhos e os rituais pré-operatórios. A operação já estava marcada, após duas semanas de correrias, pois não existiam linhas de ônibus, como hoje, nem táxis, nem internet, e se fazia necessário cumprir as orientações dos Voduns.

Depois de tudo pronto, Runhó foi internada, de vestido novo e desconfiada. Quase todos os parentes a acompanharam como se fosse a despedida de um parente que estaria viajando para um país distante. Nem todos puderam entrar na área da recepção para internamento, e os que não entraram ficaram no pátio discutindo as probabilidades, à sombra de vários pés de carambola.

A paciente foi encaminhada à enfermaria e ali se acomodou, apreensiva e sem acompanhante. Logo fez amizade com os vizinhos de leito e se sentiu um pouco à vontade.

Entretanto, não entendeu o motivo de ser encaminhada para realizar novos exames.

Na manhã seguinte, era uma quarta-feira, acordou toda molhada nas partes baixas. Desesperada, chamou a enfermeira e comunicou o fato. Logo apareceram vários profissionais da área que, após levantarem um biombo em volta da cama, examinaram a paciente e o líquido por ela expelido. Era uma secreção gosmenta de cor marrom com rajadas de sangue. Novos exames foram realizados.

Na mesma manhã, vários médicos e estudantes de medicina já em fase de estágio se reuniram para comentar ou analisar o fato. Concluíram que havia ocorrido uma decomposição espontânea dos miomas que tomavam conta do útero da paciente e que não havia mais necessidade de uma intervenção cirúrgica.

Esse resultado foi tomado como assunto de aulas na Faculdade de Medicina por um longo tempo e considerado como um fato raríssimo na história daquele hospital.

Para os adeptos da comunidade do Terreiro do Bogum, tudo não passou de mais uma das tantas intervenções de Sogbo.

Runhó teve alta médica somente três dias depois, pois foram tantos exames e visitas médicas posteriores que acabaram por retardar sua volta ao lar. Quando voltou, recomeçou as mesmas atividades, lavando roupas de ganho, e faleceu com quase cem anos de idade.

O Bogum e a II Guerra Mundial

As coisas não andavam bem, afinal o país estava em guerra. E guerra nunca foi coisa que prestasse. Os homens jovens foram convocados para as forças armadas e enviados para as frentes de combates com o entusiástico rótulo de Expedicionários. Foram cumprir o dever de servir à Pátria.

Nós ficamos com a obrigação de pagar as despesas.

Ficaram, as crianças, os idosos e as mulheres, na obrigação de tudo enviar para a manutenção dos nossos soldados. Assim, a circulação de moedas diminuiu, o feijão era raro, leite em pó, que era importado, também sumiu e quase tudo era racionado. Até o querosene usado nos lampiões e candeeiros só se comprava um litro por indivíduo, nas imensas filas que se formavam nas portas das vendas. Quem tinha luz elétrica em casa, era obrigado a ficar às escuras após as nove horas da noite, pois a energia era desligada lá na usina.

Os meninos passavam o tempo, após as aulas, catando cacos de vidro, pedaços de tubos de chumbo velho, torneiras quebradas, castiçais, candeeiros de metal, tudo para vender ao homem que passava todo dia comprando ferro e metal velhos e que se anunciava como "chumbeiro", melodicamente.

Outro comprador presente era o que arrecadava sementes de mamona. Quem tinha mamoneiras no quintal juntava as cuias cheias de sementes e, uma vez por semana, vendia àquele senhor.

Todas as coisas eram transformadas em matéria-prima para mais tarde servir a fabricação de material bélico, tão necessário aos nossos "Pracinhas".

Foi nesse ambiente que os meninos da comunidade se viram envolvidos com as consequências da segunda guerra mundial. Entretanto, eles eram felizes. Tinham tantas árvores que davam frutas deliciosas e a comunidade se mantinha forte. Todos os adeptos se ajudavam e a velha Emiliana comandava o Terreiro com sabedoria. Havia os rituais religiosos com suas respectivas oferendas, que sempre alimentavam também as pessoas, além dos Voduns. Aquelas oferendas giravam em termo de inhame, feijão fradinho, frangos, pipocas, milho branco cozido, acaçás e várias coisas que se obtinham no próprio quintal, sem contar com a enorme variedade de frutas abundantes na vasta área que pertencia à comunidade.

Mas existiam os outros meninos; aqueles que não pertenciam à comunidade, mas moravam no mesmo bairro e em locais perto do Bogum – os meninos do Alto dos Coqueiros, da Baixa da Fonte, da Muriçoca, do Sobradinho, da ladeira João de Deus. Todos aqueles também estavam na mesma situação de carência, pela falta de condições para uma sobrevivência digna. Foi então que a velha Emiliana tomou a iniciativa de interferir, por conta própria, no processo de ajuda social, como é chamado hoje.

Primeiro, Emiliana pediu que fossem convidados os meninos da ladeira João de Deus para que, quando saíssem da escola, passassem no barracão para merendar. Apareceram poucos, que se regalaram com pipocas, com rapadura e milho branco cozido. Depois, na semana seguinte, já eram mais de vinte. Assim, a quantidade de meninos e meninas carentes das redondezas cresceu até se esgotar a demanda. Isso durou até o fim da guerra.

Emiliana, assim como todos os do Terreiro, sorria feliz a cada vez que "seus" meninos comiam e bebiam. Entretanto, os meninos do Terreiro ficaram de "cara amarrada". A princípio, se sentiram invadidos. Tiveram de compartilhar os seus pés de frutas, os esconderijos de brincadeiras de picula, pois os outros meninos não somente faziam refeições no espaço que antes era só dos moradores locais, como também ficavam brincando pela tarde adentro nas cercanias do barracão. Reunidos, foram falar com Emiliana:

– Não é justo que a gente tenha que abrir nossos brinquedos para gente que não é daqui – queixaram-se.

Emiliana respondeu: "Agora eles estão aqui. E não é justo que tanto espaço seja só de vocês".

Daí em diante, as mangueiras eram os cenários mais atraentes para a enorme quantidade de jovens que se divertiam brincando de Tarzan, amarrando cordas nos galhos mais fortes para se deslocarem, pendurados, de um lado para outro como se fosse, cada um, o famoso herói das selvas africanas. Nos poucos espaços onde não havia assentamentos religiosos, se disputavam jogos de bola de gude e ali as discussões eram calorosas entre aqueles que eram bons naquele jogo.

A guerra acabou. Os sinos das Igrejas tocaram o dia todo e os alto-falantes do bairro repetiam seguidamente o Hino do Expedicionário. As crianças ficaram sem aulas durante três dias e os alunos não falavam noutra coisa que não fosse a grande vitória do Brasil contra os alemães. As luzes voltaram a ser acesas nas casas e nas ruas. Outra festa igual só seria vista quando os soldados do Brasil voltaram das suas tarefas.

No Bogum, o movimento de crianças e adolescentes foi diminuindo, escassearam os gritos de Tarzan e o zum-zum-zum dos jogos de bola de gude. Ficou o canto dos pássaros nas mangueiras, juntinho do barracão e o sorriso matreiro da velha Emiliana, que contente queria dizer: "Fizemos a nossa parte".

A reforma

Agora era imprescindível que se esperasse o tempo de sete anos para recomeçar o processo de substituição da Doné Nicinha. Isso por força de alguns incidentes internos que precipitaram o processo antes de cumpridas certas determinações importantes e vitais para a continuação dos vivos no Terreiro. Determinações que não cabem revelação.

Em decorrência dessa espera, o prédio se deteriorou junto a algumas relações pessoais internas. As relações pessoais não se restabeleceram, mas o prédio foi totalmente restaurado em tempo.

Reunido um grupo de pessoas interessado na recomposição física das instalações, optou-se pela proposta de pedir ajuda à Fundação Palmares. A Fundação tinha como gestor Carlos Moura que, por ser sensível às causas religiosas, nos convidou para discutir o assunto durante um almoço no Hotel da Bahia. Fomos todos, Gilberto Leal, Marcos Alexandre, Jaime Sodré e eu. Expusemos o fato e lhe mostramos o projeto inicial elaborado por Raul Lody e eu num quarto de pensão, no bairro do Santo Antônio. De volta, Gilberto Leal reestruturou parcialmente o projeto e Carlos Moura definiu sua aprovação semanas depois.

A obra foi tocada e todos os residentes na comunidade se comoveram e, de certa forma, também participaram da reforma.

Faltava, portanto, definir a forma de saber quem seria a próxima Vodunsi a sentar-se na cadeira de maior importância. De pronto, todos os iniciados já sabiam quem não poderia ser eleita face à ausência de certos requisitos que não são publicáveis.

Os mais velhos já tinham noção de quem seria, mas se recusavam a tomar iniciativas uma vez que já pairava um clima de dúvidas e apostas desafiadoras de certas pessoas dissidentes. Para piorar a situação, a decisão que deveria ser tomada por Vicente de Ogum, verdadeiro entendido e acompanhante ou assessor de Nicinha desde os tempos de Romana, não pôde ser tomada devido ao seu falecimento, antes do prazo para o Jogo de Búzios.

Quem poderia substituí-lo?

Cada um dos Ogãs do grupo possuía uma indicação própria para substituir Vicente naquela tarefa. Fomos consultar a Hunsó e confirmamos sua sabedoria. Depois da nossa exposição, ela falou:

– Não se deve escolher nenhuma pessoa que seja amiga ou conhecida de vocês. Os contrários vão dizer que foi tudo combinado. Tem que ser alguém de quem não se discuta a decisão.

Dessa forma, voltamos o pensamento para o Professor Agenor, do Rio de Janeiro, e Dezinha, a Hunsó, aprovou.

Foi muito difícil encontrar o Professor Agenor. Nós não tínhamos intimidade com ele e nem conhecimento de seus compromissos. Recorremos a Iya Stella, do Opó Afonjá, e obtivemos o telefone dele. Telefonamos e soubemos que Agenor estava em Portugal. Voltamos a Stella e ela, devido à intimidade entre os dois, marcou uma hora para que conversássemos com o Professor. Ele aceitou.

Ficamos todos contentes com a cordialidade do Professor Agenor. Ele nos recomendou que os acertos para a viagem e hospedagem seriam através de Pretto, seu assessor. De repente, nos lembramos que seria preciso obter verba para duas passagens ida e volta Rio-Salvador e hospedagem para duas pessoas, além disso, providenciar cadeira de rodas para o Professor 24 horas por dia desde o embarque no Rio de Janeiro.

Graças aos conhecimentos políticos de Marcos Alexandre, Antônio Jorge e Gilberto Leal, conseguiram-se as passagens e as hospedagens. A cadeira de rodas ficou a cargo de Antônio Jorge, que financiou o aluguel.

No dia da chegada do Professor, fomos todos buscá-lo no aeroporto: Gilberto, Marcos e eu. Com surpresa, encontramos mais de 50 pessoas a esperar o Professor e foi necessário que o raptássemos, por assim dizer, pois todos queriam hospedá-lo, sem saber do nosso acordo. A maioria era seus filhos de santo e admiradores. Valeu.

A decisão

Tudo aconteceu em um domingo de sol e ventos mornos vindos do Sul. O barracão, ainda em reforma, não se apresentava com aquela pompa, digna do acontecimento. Mas, lá no fundo, onde tudo de importante também acontecia, na sala onde todos faziam refeições, se encontravam os convidados e Vodunsis mais antigas em volta de uma mesa grande, devidamente coberta com toalha branca, de renda, feita a mão há mais de 30 anos, no tempo de Runhó.

Dos convidados, apareceram a tempo Júlio Braga, Sivanilton da casa de Oxumarê acompanhado de Sandra, Makota Valdina Pinto, Nicolau Parés.

Da Casa, estavam todos os mais importantes, incluindo Ogãs e Ekedes dissidentes.

A atmosfera era de tensão e alívio ao mesmo tempo. Tensão em face da probabilidade de nada acontecer e se ter que prolongar o processo. Até quando... Alívio pelo fato de se vislumbrar um desfecho para uma situação pendente há quase sete anos.

Não demorou muito e se fez presente o Professor Agenor, com seu andar difícil sem a cadeira de rodas (deixada na porta de entrada) e assumiu a cabeceira da mesa. Saudou a todos, disse que o acontecimento era muito importante e que se eximia de responsabilidade da decisão. Dali para frente, quem estaria decidindo eram os Voduns através dos Búzios.

Todos, em silêncio absoluto, acompanharam o ritual dele com os búzios, que eram dele e dele não se separavam, e viram tudo que era possível ver.

Depois de jogar três vezes, o Professor Agenor levantou a cabeça e falou:

– Aqui está dizendo que já tem uma filha sendo preparada para o cargo.

Todos se entreolharam em silêncio. Como ninguém o respondesse, ele continuou. Jogou novamente e falou:

– E essa pessoa é filha de Omolú (Azonsú).

Ninguém falou nada, entretanto, ouviram-se os suspiros de algumas Vodunsis que não eram filhas de Azonsú.

Suspiros de alívio ou de decepção, ninguém pôde identificar. Agenor continuou a jogar, resmungando alguma coisa só para ele mesmo e voltou a interrogar:

– Quem é afinal essa pessoa? Está presente?

Havia três Vodunsis no páreo, mas nenhuma se moveu.

– Não tenho mais que olhar. Já vi tudo que tinha que ver. Vocês sabem quem é?

Virando-se para a Hunsó, perguntou:

– Ela está aqui?

Aí a Hunsó respondeu:

– Se estiver, o Vodum dela que responda.

Foi o bastante, Azonsú pegou Índia e ela não viu o fim da reunião. Daí em diante, foram abraços e palmas, lágrimas e risos, enfim emoções jorrando após vários anos de ansiedade.

Aproveitando o momento, foi pedido para que os convidados falassem "algumas palavras" a respeito do ato. Antes, Agenor convidou a quem quisesse usar os búzios, seus búzios (que honra), para conferir o jogo. Ninguém se arriscou. Entretanto, Júlio Braga disse da honra que lhe era dada em presenciar semelhante ato etc., etc.

Sivanilton mal começou a pedir licença para falar algo (a benção, minha mãe, a benção a todos) e também cedeu lugar ao seu Orixá de cabeça.

Com Sandra, aconteceu o mesmo. Enfim, só ficaram mesmo "acordados" Ogãs e Ekedes, a Hunsó e os não iniciados que presenciaram as palavras finais de Agenor recomendando que:

– O mais importante para a preservação e sobrevivência do Terreiro é a atenção à hierarquia. Sem hierarquia nada se obtém.

Todos nós aplaudimos e fomos para o Abassá onde os Voduns já estavam dançando ao toque dos atabaques comandados por Tico, o Huntó da casa.

Era o dia 30 de maio de 2002.

solisluna
editora

Este livro foi editado em maio de 2018 pela
Solisluna Design e Editora, na Bahia.
Impresso em papel pólen bold 90g/m².
Primeira reimpressão em julho de 2023,
pela gráfica Psi7 em São Paulo.